孤獨也可以是正能量

羅金 著

前言

1

為什麼我越努力，卻越感到孤獨？

為什麼我在努力的時候，有種被世界遺棄、被身邊人排斥的無助和落寞？

2

一位三十二歲的設計師這樣回答我：「我大學四年始終沒有找到女朋友，也不玩網路遊戲，有些時候甚至被人說成清高自傲。但這又有什麼關係？一個人可以無拘無束、無牽無掛，想著自己青春裡該想的事，做著自己該做的事，年輕時就該好好奮鬥，不用陷入社會上的泥淖。真正的強者，懂得忍受孤獨，懂得規劃生活，懂得一個人的生活，才是最重要。你努力過，才會知道自己的價值，才明白自己最真實的追求。」

「與眾不同」的背後，是無比孤獨的努力。

我想起前些天看到過的一篇文章，那篇文章我並沒有仔細看，但是它的標題吸引了我的注意，意思是，從十八歲到廿五歲這幾年是最苦的日子，這讓我不禁有些感慨。

美國有位著名的心理學家，埃里克森（Erik.H.Erikson），在他對人類心理發展階段的理論研究中提到，人的一生會經歷各個不同的階段，每個階段有著不同的身心發展的任務，如果在當下的階段很好地完成了這一發展任務，那麼在之後的人生過程中將更為順利。倘若在過去的發展階段裡總是磕磕碰碰的，那麼在之後的生活中多多少少會有一些殘留的痕跡。

你必須知道，每一件「與眾不同」的絕世好東西的獲取，其實都是以無比孤獨的勤奮為前提的，要麼是血，要麼是汗，要麼是大把的曼妙青春時光。

你必須承認，在十八歲到廿五歲，你的生命中大部分時光是屬於孤獨的，而努力成長，是在孤獨裡可以進行的最好的「遊戲」。

3

這是青春的敵人，也是成長的代價。每個優秀的人，都有一段沉默的時光。那一段時光，是付出了很多努力，忍受孤獨和寂寞，不抱怨、不訴苦，日後說起時，連自己都能被感動的日子。

人一步一步地走下去，不抗拒生命交給我們的重負，才是一個勇者。到了驀然回首的那一刻，生命必然給我們公平的答案和乍喜的心情，那時的「山」和「水」，又恢復了「是山是水」的境界，而人生已然走過，回首望去，這是多麼美好的一段歷程。

願你有前程可奔赴，也有歲月可回頭。願你把自己的生命，交付給更多滾燙的和未知的可能性。

目錄

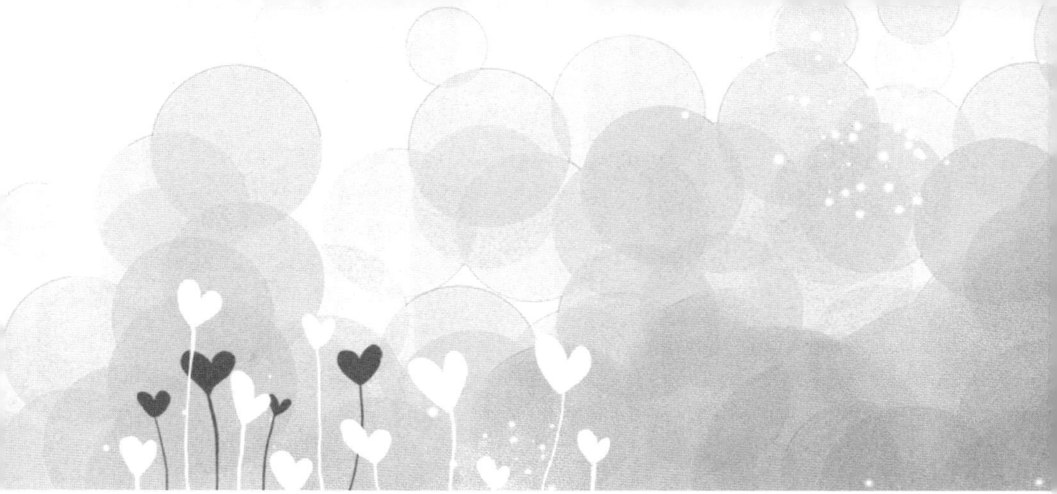

第三章 不要在你還沒有努力的時候，就斷言這個世界的不公

第四章 意志力只是一個神話，賜予你力量的是「激情」的驅動

第五章 如果你的「資源」貧乏，請學會用「人緣」加分

第六章 先「謀生」，再「謀愛」，穿越人海擁抱你

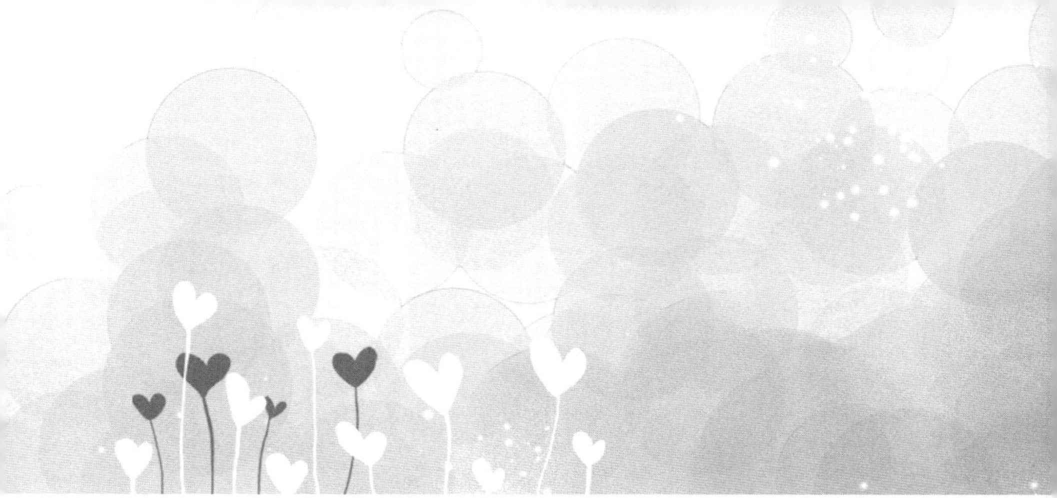

第九章　你這麼優秀，一定走了很多「孤獨」的路

第十章　願你有歲月可回首，也有前程可奔赴

第一章 你那麼年輕，還不懂努力奮鬥的意義

人生沒有設計，離挨餓只有三天

我經常聽到身邊的朋友講這樣一些話：「我很迷茫……」「我後悔了……」「如果時間重來，我一定會……」

那麼，你是否也會經常抱怨老天的不公平、生活壓力繁重、人際關係難處、工作不如意等煩惱呢？「新東方」創始人之一徐小平曾經說過一句頗有哲理的話：「人生沒有設計，你離挨餓只有三天。」這話雖然有些誇張，但在競爭如此

激烈的當今社會，「人生需要規劃」已經是毋庸置疑的思想理念。

但實際情況卻是，世界上有六十多億人口，能按照自己的意願生活的人少之又少，為什麼會這樣呢？

讓我們借用哈佛大學的一個著名試驗來說明：

二十世紀中葉，一位哈佛大學的著名社會學教授訪談了一千名即將畢業的本校學生，問了他們一個很簡單的問題，即「您對自己的人生有沒有清晰的人生規劃」。

得到的結果是：只有很小一部分（不到百分之四）學生說對自己的人生擁有清晰的規劃；一部分（約占百分之十六）的學生雖然有規劃，但不是很清晰，一大部分（約百分之八十）的人則毫無規劃。

三十年過去了，那位執著的教授又回訪了這些學生，除了三十五位學生由於離世或其他原因未能聯繫到以外，其他九百六十五名學生都取得了聯繫。該教授通過對他們的健康、家庭、事業、情感、財務等多項指標的統計，發現了一個很有趣也很驚人的結果。

資料表明，當年畢業時那些擁有清晰人生規劃的學生，在以上的各項指標中得分都是最高的，他們不僅擁有健康的身體、美滿的家庭、成功的事業，還獲得了平衡的心靈和令人羨慕不已的財務自由；而那些有模糊的人生規劃的人，他們多成為各行各業中的專業人士，雖然其中不少人薪水較高，但健康、家庭與心靈等諸多方面產生了不少矛盾，身心疲憊成為他們普遍的特徵。

當然，在回訪的人群中所占人數最多的，是當年八十%以上的沒有任何規劃的人，他們一般是工作幾年之後，一旦衣食無憂就不再持續努力了，所以，他們中大多數人都只能長期作為一名平凡的職員、技術人員或銷售人員，而不能取得非凡的成就，甚至還有不少人靠政府的失業救濟金勉強度日。

可見，就連哈佛大學這樣的世界名校也不能保證每個人都成功，更何況我們芸芸眾生，如此多的普通人。

那麼，我們如何才能成為像那四%的人一樣擁有完美人生的「幸運兒」呢？

關鍵就在於你對自己一定要有清晰的人生規劃！

沒有計劃的人往往被規劃掉，而用心規劃的人生才更容易成功。

有這樣一個故事：

一九四四年，美國洛杉磯郊區的一個沒有見過世面的十五歲少年約翰・戈達德在「一生的志願」表格上認真地填寫了一百二十七個目標。這些目標包括：到尼羅河、亞馬遜河和剛果河探險；登上珠穆朗瑪峰、吉力馬札羅山和麥特荷思山；騎上大象、駱駝、鴕鳥和野馬；探訪馬可・波羅、亞歷山大一世走過的道路；駕駛飛行器起飛降落；讀完莎士比亞、柏拉圖和亞里斯多德的著作；寫一本書……

寫完後，他給每個目標編號說：「這就是我的生命志願，我要用自己的生命去一一完成！」

十六歲那年，他和父親到了喬治亞州的奧克費諾基大沼澤和佛羅里達州的艾佛格萊茲探險，他完成了列表上第一項任務；

十八歲的秋天，他踏著滿地落葉離開了自己的家鄉；

二十歲的時候，他成了一名空軍駕駛員；

廿一歲的時候，他已經到廿一個國家旅行過；

廿二歲，他在瓜地馬拉的叢林深處發現了一座馬雅文化的古廟。同年，他成為「洛杉磯探險家俱樂部」有史以來最年輕的成員……

在亞馬遜河探險時，他幾次船毀落水，差點兒死去；在剛果河，他幾乎葬身魚腹；在吉力馬札羅山上，他遇到雪崩，甚至被兇猛的雪豹追逐。在將近六十歲的時候，他已經實現了一百二十七項目標中的一百零六項。這對一個普通人來說實在是一個奇蹟。

「想賺一億元的人和想賺一百億元的人，他們賺錢、花錢的方式肯定不一樣；想攻讀博士學位的人和一心盼著畢業就踏入社會工作的人，在學習的量和質上是一定會有很大差距的。」這個差距的原因，就在於**你如何規劃自己的人生**。當你有了規劃，人生才不會迷茫。有了人生的規劃，我們不僅能清楚自己現在所處的位置，更能清楚自己下一步所要邁出的方向。

選擇工作，實際上是在選擇一種價值體系

現實生活中，許多人都面臨著「兩難」的困境：他們所從事的職業收入豐厚，但是卻痛恨自己所販賣的產品或提供的服務。這種人生價值和工作價值的衝突，使他們的身心受到了傷害，唯一的解決方式就是尋找一種職業，讓它與你所擁有的價值觀相互協調。如同公司需要長遠發展戰略一樣，個人也需要目光遠大，以便使自己的未來能夠保持平衡，擁有足夠的活力。

職業價值觀也叫工作價值觀，是價值觀在人們所從事的職業上的體現，或者是人們在職業生涯中表現出來的一種價值取向。職業價值觀是個人對某項職業的價值判斷和希望從事某項職業的態度傾向，即個人對某項職業的希望、願望和嚮往。

職業價值觀表明了一個人通過工作所要追求的理想是什麼，是為了財富，還

是為了地位或其他因素。不同的人有不同的價值觀念，而擁有不同價值觀念的人適合從事不同的職業或崗位。如果在制訂職業生涯規劃、選擇職業時，沒有考慮自己的價值觀念，選擇了不適合自己的職業，就很難在這個崗位上工作下去，當然也就談不上事業的發展。因此，認真分析和瞭解個人的職業價值觀，對正確開展職業生涯規劃有重要的意義。

我們常常需要做出這些選擇：是要工作舒適輕鬆，還是要高標準的工資待遇？要成就一番事業，還是要安穩太平？當兩者有矛盾衝突時，最終影響我們決策的是存在於內心的職業價值觀。可見，職業價值觀對職業生涯的影響是高層次的、深遠的。

當選擇工作時，你**實際上是在選擇一種價值體系**，是在選擇處理人際關係的方式和生活方式。當你的價值觀和你的工作相吻合時，你會覺得自己的工作很有意義；反之，你會覺得缺少些什麼，而且這種失落感通常是金錢、權力、名譽等外在事物所不能彌補的。因此，在工作中，我們選擇去留，看上去是為了經濟利益，其實根本上是價值觀在起作用。

不同時代、不同制度環境，甚至不同的自然條件下，人們都會有不同的職業價值觀，即使以上條件相同，不同的人也會因為各自的成長環境、教育背景、個性追求等差異而形成不同的職業價值觀。作為人們對職業的一種信念和態度，職業價值觀往往決定了人們的職業期望，影響著人們對職業方向和目標的選擇。

三個工人正在砌一堵牆。有人過來問他們：「你們在幹什麼呢？」

第一個人沒好氣地說：「沒看見嗎？在砌牆。」

第二個人抬頭笑了笑，說：「我們在蓋一座高樓。」

第三個人邊做邊哼著歌曲，他的笑容很燦爛：「我們正在建設一個新的城市。」

十年後，第一個人在另一個工地砌牆；第二個人坐在辦公室裡繪圖紙，他成了一名工程師；而第三個人，他是前面兩個人的老闆。

同樣的工作，同樣的環境，因為價值觀不同，所以每個人產生了不同的感受，這也決定了他們未來的成就。這個故事告訴我們，一定要找到與自己的價值觀相契合的職業，那樣你才能在工作中寄予自己的理想，從中實現自己的價值。

工作價值觀通常都是與某種職業緊密相連的，並且工作價值觀也可以成為在你和工作之間進行匹配的基礎。

在確定職業方向時，你可以進行以下測試。請試著把下面六個詞語進行排序，這可以幫你瞭解如何利用價值標準中的觀點，對職業的具體內容及要求進行分析：

（1）**成功**。

如果你的滿足感來自於「成功」這個價值，那麼你所從事的工作應該是你最擅長的事情，能讓你發揮最大的能力，或者是你曾經接受過專業培訓所要做的事情。在你的工作中，你會看到自己努力的成果。通過頻繁開發新專案、得到新獎勵，你會從中感受到成功的喜悅。

職業範例：生物學家、藥劑師、律師、主編、經濟學家、公務員。

（2）**認同**。

如果你的滿足感來自於「認同」這個價值，那麼你應該尋找那些有好的提升機會、好的聲望，並且有潛在的成為領導的機會的工作。

職業範例：大學行政人員、音樂指揮、勞動關係專家、飛機調度員、製片人、技術指導、銷售經理。

（3）獨立。

如果你的滿足感來自於「獨立」這個價值，那麼你應該尋找的是那種靠你的主動性去完成的、能讓你自己做主的工作。

職業範例：政治學家、作家、有毒物質研究專家、ＩＴ經理、教育協調員、教練。

（4）支持。

如果你的滿足感來自於「支持」這個價值，那麼你要尋找的工作應該是那種成為員工有力後盾的公司，其主管的管理方式會讓員工覺得很舒服。那種公司應該以其令人滿意的公平的管理體制而著稱。

職業範例：保險代理人、測量技師、變壓器修理工、化學工程技師、公益事業經理、防輻射專家。

（5）**工作條件**。

如果你的滿足感來自於「工作條件」這個價值，那麼在找工作的時候，你應該考慮薪水、工作穩定性，以及良好的工作環境。另外，找工作的時候還要考慮它是否與你的工作模式相適合。比如，你是喜歡整天忙碌，還是喜歡獨立工作，又或者喜歡每天都可以做很多不同的事情。

職業範例：保險精算師、按摩師、打字員、心理輔導師、法官、會計師、預算分析員。

（6）**人際關係**。

如果你的滿足感來自於「人際關係」這個價值，那麼你應該尋找那種同事很友好的工作。這種工作能讓你為別人提供服務，不需要你做任何違背你的「是非觀」的事情。

職業範例：人力資源經理、語言教師、牙科醫生、牙齒矯正醫師、公共健康教師、運動培訓師。

「面試」，是職場人士將要伴隨一生的「戀人」

當你把「工作希望」投遞出去，在忐忑中等來面試通知，結果卻是面試被拒時，大部分人是這樣認為的：「哎，這次我又失敗了，下次失敗是在什麼時候呢！」

其實，人一旦有了這種「灰色心理」，就很容易一蹶不振。此時，為何不這樣想：「我現在又多瞭解了一些關於這個崗位的情況，離這個職位又近了一步。」一次面試失敗，並不能代表什麼，哪有不面試幾次就能找到一家「湊合」的公司的。此時，最重要的是不要氣餒，須知成功本來就是一個逐步積累的過程。在失利的過程中逐步學習，學習各種技能，吸取失敗的教訓，學習應聘的技巧。面對日益加劇的職場競爭趨勢，人只有不斷學習，有針對性地「充電」，不斷補充新的「血液」才能滿足不斷變化的職場需求，避免遭遇淘汰的厄運，馳騁於風雲變幻的職場。

面試是職場人士將要伴隨一生的「戀人」，需要我們耐心去經營。可是，許多求職者卻缺乏耐心，他們在第N次失敗後就沒了第N+1次努力的欲望。其實，人只要有繼續努力的欲望，再加上正確的解決問題的方法，他離成功就不遠了。

在面試失敗的時候，你需要注意以下幾點：

（1）**總結自己面試失敗的原因**。

找出自己面試失敗的原因只是第一步，也是你應從面試失敗中學到的最基本的東西，而面試失敗能為你帶來的最大轉機，是它賦予了你一個重新進行選擇、重新塑造自己的機會。

當然，面試失敗是對事件的評判，從某種意義上說，是你自己、社會和他人對結果的一種解釋。在你從失敗中汲取力量、重新駕馭自己的人生航向時，不僅要學會客觀地尋找其失敗的原因，尤其重要的是，要用積極的眼光看待過去，從中尋找成功的「種子」。

（2）**不要讓「輸」的感覺影響自己**。

一位著名的網球運動員在談及失敗時說：「不知怎麼，在我們心中輸的感覺都比贏的感覺更強烈。」任何一個「運動員」都明白這點，都必須「搏擊」這種情緒。你可能打了十個好球，失了最後一個，但最後的「失球」的場景會在你的腦海裡反復顯現，我們都把「輸」看得比「贏」更重。因此，面試失敗後，我們一定要清除自己心中這種「輸」的感覺。

（3）從面試失敗中總結經驗。

人生是個不斷探索的過程，失敗有時並不是由於你的能力、學識的不足，而是由於你錯誤地選擇了目標。而「失敗」正是給予了你一個重新思考、從錯誤中解脫的良機。

許多職業諮詢師認為，一個人一生中至少要經過兩三次轉換，才能最後找到適合自己特長的事業；而確定自己合理的目標，則需要同樣長的一段時間。

生活往往借「失敗之手」，促使你進行一次次的探索和調整。然後，才會讓你找到真正的事業發展的方向。

生活的開始，是擁有一項能力

人生一世誰不想「混出個人樣」來？但為什麼一些原本很有優秀潛質的人卻終其一生也未能成功？為什麼會有這種現象發生呢？

因為他們不瞭解自己的優勢是什麼，故而常常過高或過低地估計自己的能力。本來有能力做成的事，結果因猶豫不決而錯失良機；本來需積累力量、借助他人幫助才能做成的事，結果因求勝心切而獨自貿然出擊致使功敗垂成。如何改變這種狀況呢？關鍵是要清醒地面對自己，發現自己的優勢，並利用自己的優勢去獲取成功！

你的生活是怎樣的？你每天都過得輕鬆、快樂嗎？每天所做的事情是讓你離自己的目標越來越近、還是越來越遠？你每天付出的寶貴時間、情感和激情都換來最好的結果了嗎？……如果沒有，那可能是因為你還沒有發揮出自己的優勢，因此，**人只有瞭解自己、認識自己，找到自己人生的優勢所在**，才能更好地發揮自己的優勢，讓自己的夢想因生活規劃而得以實現。

優勢就是你人生的「主力」，就好像在球場上，一個團隊必須有一個別的團隊不具備的優勢，這樣才能取勝。「取己之長，補己之短」，這樣才能把自己的優勢充分發揮出來，讓優勢成為你的「主力」。

有這樣一個很有趣的寓言故事：

森林裡住著各種各樣的小動物，為了像人類一樣聰明，動物們開辦了一所學校。開學典禮的第一天，來了許多動物，有小鳥、小雞、小鴨子，小山羊，還有小兔子、小松鼠。學校為牠們一共開設了五門課程，有唱歌、跳舞、跑步、爬山和游泳。

當山羊老師宣布第一天上跑步課時，小兔子興奮地立刻繞著操場跑了一圈，並自豪地說：「我能做好我天生就喜歡做的事！」而再看看其他小動物，有噘著嘴的，有耷拉著頭的……

第二天一大早，小兔子蹦蹦跳跳地來到學校。山羊老師宣佈，今天上游泳課，小鴨子興奮地一下跳進了水裡。可天生恐水、從來沒游過泳的小兔子傻了眼，其他小動物更沒了招。

接下來，第三天是唱歌課，第四天是爬山課……以後發生的情況，便可以猜到了，學校裡的每一天課程，小動物們總有喜歡的和不喜歡的。

這則寓言故事詮釋了一個通俗的哲理，那就是「不能讓豬去唱歌，讓兔子學游泳」。要想成功，小兔子就應該跑步，小鴨子就該游泳，小松鼠就得爬樹。要展現自己的優勢，**千萬不要拿自己不擅長的一面去和別人擅長的一面相比**，這樣你會打擊自己的自信心，讓自己一事無成。

俯瞰當今世界，成功者燦若繁星。羅納爾多是「足球先生」，喬丹是「籃球飛人」，帕瓦羅蒂是「美聲歌王」，楊振寧是「諾貝爾物理獎」得主，韋伯納是企業家的楷模。這些精英之所以出類拔萃，是因為其自身的優勢獲得了最大限度地發揮。而普通人在對這些精英深懷敬仰之情時是否已經明白：**優勢不是這些精英的專利，每個人都有其天生的優勢**。

成功者之所以能成功，是因為他們知道自己的優勢在哪裡，不盲目地做一些自己不擅長的工作，他們把自己的優勢發揮到了極致；相反，普通人之所以成為普通人，是因為他們還沒能認清自己的優勢是屬於小兔子型的、小鴨子型的，還是小鳥型的？

所以，人若想成功，就應該知道自己的優勢是什麼，然後將自己的生活、工作和事業發展都建立在這個優勢的基礎上，讓優勢成為你的「主力軍」。

時代在不停地發展，社會上不斷湧現新興職業，在眾多的職業中，每種（**專業**）職業對從業者獨特優勢（**或特長**）的要求各不相同。如果你在學習或工作中很不順利，甚至屢受挫折，千萬不要灰心喪氣，喪失自信心，認為自己這也不行、那也不行。其實，並不是你沒有能力，而是你像「讓小兔子學游泳」那樣「入錯了行」。

按成功心理學的觀點，人類目前共有四百餘種獨特優勢，任何人都有至少一項的獨特優勢，只要你能找出自己的獨特優勢，據此在社會上幾百種專業、職業中選擇最適合自己的專業、職業，敢於果斷地投身其中，由「入錯行」變為「入對行」，就像「小兔子去跑步」那樣，去充分地開發、培養和發揮自己的某項獨特優勢（或特長），你就一定能反敗為勝，取得最大限度的成功。

一個窮困潦倒的青年，流浪到巴黎，期望父親的朋友能幫他找一份謀生的差事。

「數學精通嗎？」父親的朋友問他。

青年羞澀地搖頭。

「你懂物理嗎？或者歷史？」

青年還是不好意思地搖頭。

「那法律呢？」

青年窘迫地垂下頭。

「會計怎麼樣？」

父親的朋友接連地發問，青年都只能搖頭告訴對方——自己似乎一無所長，連絲毫的優勢也找不出來。

父親的朋友對他說：「可是，你要生活呀！將你的住處留在這張紙上吧！」

青年羞愧地寫下了自己的住址，急忙轉身要走，卻被父親的朋友一把拉住了：「年輕人，你的名字寫得很漂亮嘛，這就是你的優勢啊。你不該只滿足於找一份糊口的工作。」

把名字寫好也算一種優勢？青年在對方眼裡看到了肯定的答案。那位青年受到鼓勵以後自信了很多，他想：我能把名字寫得叫人稱讚，那我就能把字寫得漂亮，能把字寫得漂亮，我就能寫好文章……他一點點地放大看自己的優勢，看到了成功的希望。

數年後，這個青年果然寫出了享譽世界的經典作品。他就是法國十八世紀著名作家大仲馬，他寫的《基督山伯爵》和《三個火槍手》受到世界各國人民的喜愛。

世間有許多平凡人，他們擁有一些諸如「能把名字寫好」這類小小的優勢，但這些優勢由於自卑等原因常常被忽略了，他們沒能抓住這些優勢，並把它放大，結果失去了許多可以成功的機會，這實在是人生的遺憾。須知每個平淡無奇的生命中，都蘊藏著一座豐富的「金礦」，只要肯「挖掘」，哪怕僅僅是微乎其微的一絲優點的暗示，沿著它挖掘下去也會找到令自己都驚訝不已的「寶藏」！

你抱怨的不是命運，而是當初的選擇

回首往事，人總是免不了有許多懊悔，發出「如果有來生，我……」的感嘆。這個時候，你抱怨的其實並不是命運，而是你當初的選擇。假如你當初是另一種選擇，也許你還會對現狀不滿、感覺事事不盡如己意，但是，至少那會是另一種人生吧。

人生是一張單程車票，可以回頭的機會寥寥無幾，在你匆匆的步履中，一些不起眼、不經意的選擇就決定了你今天的命運。人的一生，選擇很重要。你是要選擇怎樣的生活，全憑你的那一剎那的決定。

在大學裡，期中考試後的一天，班裡的一個同學因為各門功課都考得一塌糊塗，所以憂心忡忡，在哲學課上無精打采。他的異常引起了教授的注意，教授拿起一張紙扔到地上，請他回答：這張紙有幾種命運？

那位同學一時愣住，過了好一會兒，他才回答：「扔到地上就變成了一張廢紙，這就是它的命運。」

教授顯然並不滿意他的回答。

教授又當著大家的面在那張紙上踩了幾腳，接著，他又撿起那張紙，把它撕成兩半扔在地上，然後，心平氣和地請那位同學再一次回答同樣的問題。那位同學被教授弄糊塗了，他紅著臉回答：「這下純粹變成了一張廢紙。」

教授不動聲色地撿起被撕成兩半的紙，他拿起筆來，很快就在上面畫了一匹奔騰的駿馬，而剛才踩下的腳印恰到好處地變成了駿馬蹄下的原野。然後，教授舉起畫又問那位同學：「現在，請你回答這張紙的命運是什麼？」

那位同學的臉色明朗起來，乾脆俐落地回答：「您給一張廢紙賦予希望，使它有了價值。」

教授臉上露出一絲笑容。很快，他又掏出打火機，點燃了那張畫，一眨眼的工夫，這張紙變成了灰燼。

最後，教授說：「大家都看見了吧，起初並不起眼的一張紙，我們以消極的態度去看待它，就會使它變得一文不值，我們再使它遭受更多的厄運，它的價值就會更小。如果我們放棄希望使它徹底毀滅，很顯然，它就根本不可能有什麼美感和價值了；但如果我們以積極的心態對待它，給它一些希望和力量，它就會『起死回生』，一張紙是這樣，一個人也一樣啊。」

一張紙可以變成廢紙扔在地上，被我們踩來踩去，也可以在上面作畫寫字，更可以將它折成紙飛機，飛得很高很高，讓人仰望。一張紙片尚且有多種命運，更何況人呢？命運如同掌紋，彎彎曲曲，然而無論它怎樣變化，永遠都掌握在我們自己的手中。

有人說：「我們老得太快，卻聰明得太遲。」人生漫長而又短暫，能夠決定一個人一生命運的，其實只是那麼幾步而已，而且多發生在一個人年輕的時候。

當我們不會選擇的時候可能面臨多種選擇，而當我們有能力選擇的時候，其實我們已經沒有多少可以選擇的機會了。

有一個美國人，平常很愛喝酒，毒癮也很重，脾氣也非常暴躁，他因為看不慣一個酒吧的服務生就把他給殺了，然後被判終身監禁。

這個美國人有兩個兒子，老大同他的父親一樣，毒癮也很重，靠搶劫和偷竊為生，最後也被判終身監禁。而老二就不一樣了，他生活得非常幸福美滿，有漂亮的妻子和三四個孩子，他還是一家跨國公司分公司的老總。

同一個父親，卻有兩個截然不同的兒子，記者覺得很奇怪，去採訪他們時問：「為什麼會這樣？」

他們的回答令人驚訝，因為兩個人的回答完全一樣：「有這樣的爸爸，我還有什麼辦法？」

因為沒有辦法，這兩個孩子不得不做出人生的選擇，一個人選擇「不變」，而另一個選擇了「改變」。成功是選擇的結果，墮落也是選擇的結果。每個人的前途與命運，都把握在自己的手中。升學也罷，就業也好，工作或創業都是如此。一個人只要奮發努力，就有機會取得成功。有人說：「人生就是一連串的抉擇，每個人的前途與命運，完全把握在自己手中，只要努力，終會有所成。」

選擇生存是每一種生物體所具有的本能，連埋在地裡的種子也存有這樣的力量。正是這種力量激發它破土而出，推動它向上生長，並向世界展示自己美麗與芬芳。這種激勵也存在於人們的體內，它推動一個人來完善自我，以追求完美的人生。一旦你有幸接受這種偉大推動力的引導和驅使，你的人生就會成長、開花、結果；反之，如果你無視這種力量的存在，或者只是偶爾接受這種力量的引導，就只能使自己變得微不足道，不會取得任何成就。這種內在的推動力從不允許人們停息，它總是激勵著一個人為了更加美好的明天而努力。

人的一生中要面臨的「十字路口」有很多，每一條路的盡頭都是我們未知的「結果」，所以，人一定要根據自身的價值取向，認準一個方向，勇敢地邁出自己的第一步，**讓青春學會選擇，讓選擇打造成功，讓成功引領人生**。

怎麼走都覺得不對的時候，試試「走心」

從小學開始，很多孩子就被老師和家長「逼迫」著樹立自己的理想。寫作文的時候，孩子會敷衍性地寫出「醫生」、「律師」、「科學家」之類的空頭名號。然而，在不清楚職業內容的情況下，何談「想要什麼」？

終於有一天，長大成人的孩子會忽然疑惑自己到底在做什麼，自己到底想要的是什麼。想不清楚時，就用「反正幾乎所有的人也都是這樣活著，不知道自己要的是什麼，找不到生活的方向，還不是照樣活著」的話來安慰自己。如果問他們「你真正想要的是什麼」，他們或許會反問「我為什麼一定要知道這個問題的答案」？

在那些碌碌無為的人中，有些人寧願平凡度日，更多人是不願思考，不願為之做出努力。對於新聞中經常出現的成功人士，我想提出一個問題：「是什麼幫助了他們豐富了自己的人生？」這些人有一個共同點，就是**做自己真正想做的**

事情。我們不斷地在不同的演講場合、勵志書籍中聽到或看到「做你真正想做的事」，但是，真正能做到的有幾人？事業、家庭、愛情中的種種不順遂，有時候並非是障礙讓我們無法隨心所欲，而是我們根本不清楚自己想要什麼。太多的人不敢問自己，因為他們害怕失望而不敢提出疑問，心存僥倖地得過且過。

史蒂夫・賈伯斯在史丹佛大學的演講中，談到我們曾經聽過無數遍的忠告：你必須找到你自己真正喜歡的東西，在工作上是這樣，在愛人上也是這樣。工作會佔據你生命的一半，真正滿足自己的唯一方法就是做你認為值得的工作，而能讓你覺得自己的工作偉大的唯一方法，就是喜歡你正在做的事。

那麼，問題自然來了，我們如何才能儘早知道自己想要什麼？這是一個很大的問題。讓我們沮喪的是，我們總是聽到別人告誡自己一定要做自己喜歡的事，但是他們從未一步一步地教會我們如何找到自己喜歡做的事。

為什麼有這麼多人在尋找自己喜歡做什麼的時候遇到困難呢？因為他們從來未曾真正審視過自己。在生活和工作節奏這麼快的現代社會，花時間和自己在一起，似乎成了無所事事的標記。人們總是通過持續地做某件事情，不管是玩遊戲、和朋友一起聚會、還是參加各種職業培訓班等等來證明自己的存在。做這些事本身雖然沒有任何問題，但是卻讓人懷疑大多數人都有著「我每分鐘都要做一件事情，因為我不能跟自己獨處」的心態。人們越是把自己的時間安排得滿滿的，想盡辦法「充實」自己生活的每一個角落，人們就越不知道自己想要什麼。

有些人覺得應該周遊世界，多經歷一些事情才能確定自己喜歡做什麼。其實，你只需坐下來，好好地和自己對話。不要玩你的手機、上網、看電視……，而是一點一點地思考，然後做決定。其實，答案已經在你的心中了，你只需把它挖掘出來，避免拖延，你的大腦已經吸收了各種各樣的訊息和經驗，它已經有了等待解開的「答案」。

讓我們開始吧：

第一步：對自己說，你一定會找到「答案」。

給自己肯定的心態，你可以找到「答案」。這個過程可能會花費很長的時間，但沒有關係。確定感可以幫助你逐步獲得「反自我放棄」的身體機制，避免在尋找答案的過程中因失望而放棄。

第二步：列出自己的願望清單和技能清單。

不要覺得你可以在自己的頭腦裡做這一切，拿張紙，把它們寫下來。列出每一個你想得到的興趣和每一種哪怕微不足道的技能。也可以想想自己對什麼不感興趣，然後寫下對應面。或許你會發現技能和興趣的重合，將那些重合的地方記下來，用於第三步。

第三步：留出一些真正獨處的時間，集中精神，通過問自己正確的問題來描繪自己想要做的事。

人們留出時間聽音樂、烹飪、看電影、讀書，但當關係到他們自己個人未來的時候，從來不曾留下任何時間，這實在讓人很費解。在獨處的時候，你必須問自己一個十分清楚的問題，「**清晰**」在這裡是關鍵，因為問題越「清晰」，答案也就會越簡單。不要立刻就問自己「我喜歡做什麼？」這樣的問題太寬泛，讓我們把它變窄點，嘗試著問你自己：

「我在日常生活中喜歡什麼，能夠同時利用我的能力和興趣為自己和別人創造價值？」

「這種價值是通過什麼方式創造的？」

「這種價值創造如何與事業結合在一起，通過什麼方式來賺錢？」

即便某個「答案」看起來很荒謬，也要把它寫下來。寫下你所有的「答案」，然後仔細流覽，你會發現，當你寫下「答案」並且看著它們，會驅使你萌生想寫新「答案」的念頭，可能讓你注意到以前從來不曾關注過的領域和「答案」，你會為你所寫的東西而感到驚奇。你會知道，你想要的到底是什麼？那是你正在努力的，還是你曾經放棄的？

套用英特爾公司前總裁格魯夫的話：**人生最奢侈的事就是做你想做的事**，那麼人生最奢侈的生活就是過上自己想要的生活。

第二章 哪裡有如願以償的人生，還不都是「逼出來」的

能幹的人，都是「逼出來」的

當我們邂逅一位曾經「山重水複」而後又「柳暗花明」的友人時，一番唏噓、一聲嘆息之後，往往都會問：

「這些年，真不容易，你是怎麼活出來的？」

「人都是逼出來的。」那位歷盡滄桑的老友可能會這樣平淡地回答。

當我們的同事在「意想不到」的時間內完成了「意想不到」的業績時，我們

會心懷敬意又略帶「醋意」地上前搭訕：

「真想不到……怎麼就完成了？」

「還不都是逼的。」

「都是逼出來的」——這樣的話，我們在生活中聽到的次數實在是太多了，可是又有誰想過，這平平淡淡的幾個字，其中竟包含了多少感人的故事和成功的真諦！

「逼出來的」究竟是什麼？是人的潛能，是人的創造力，是創新，是發展。日常生活中，人在一「逼」之下而發揮出超常智慧和潛能的事例不勝枚舉。

「但使龍城飛將在，不教胡馬渡陰山」的中國漢代「飛將軍」李廣，以善射聞名。

據史書記載，有一天李廣出門打獵，驚見草叢裡有一隻「虎」，情急之下他應手放了一箭。過去一看，原來是塊大石頭，而整個箭頭竟然都沒入石中。過後，他又試射幾次，可每次箭都是碰石而落。

「新紀錄」都是在比賽中創造的，而且競爭越激烈，成績往往越好。

我們上學的時候，都有這樣的體會，臨考試前，學習效率是最高的。人是一個複雜的矛盾體，既有求發展的上進心，又有安於現狀、得過且過的惰性。能夠臥薪嚐膽、自我警醒的人少之又少；更多的人需要的是鞭策和「當頭棒喝」式的促動，而「逼」就是「最自然」的好辦法。人們常說的「壓力就是動力」，就是這個意思。

因此，「被逼」不要「無奈」，「被逼」是福。要麼是被「看得起」委以重托，要麼是有好運氣，否則不會「逼」到你的頭上來。你有了「被逼」的機會，別人可能就失去了這一機會。

「被逼」，心態就會改變；「被逼」，就會有明確的目標；「被逼」，就會分清輕重緩急，抓緊時間；「被逼」，就會馬上行動，不再拖延。

結果則是目標達成了，「被逼」的狀態解除了，人發展了。

人不僅不要怕「逼」，而且還應該主動「逼」自己，使自我經常處於積極進取、創新求變的良好的緊張狀態，使自己的潛能時常處在激發狀態。除了在日常工作學習中要有這樣的心態，還要設定較高的目標來「逼」自己，不斷提升自己。

「逼」自己，一方面要勇於接受挑戰，把自己「丟進」新條件、新情況、新問題中，人只有被「逼到」走投無路，才會想方設法：只有「破釜沉舟」，才能背水一戰，才能做到兵法說的「置之死地而後生」；另一方面，要用「自律」來「逼」自己，用目標管理、時間管理來「逼」自己，用行動結果來「逼」自己。以創新之心「逼」出創新的行為，得到創新的結果。創新是潛能發揮之始，亦是潛能發揮之終。

生命力是從壓力中體現出來的。生命力就是創新能力，就是創造力，就是人的潛能，也就是競爭力，人的潛能越開發、越使用，就越多、越強。

告訴我，你正在期望什麼？

假如我們面前有一塊鐵。

第一個拿起這塊鐵的人可能是一個鐵匠，他只是在一定程度上掌握了這門手藝，但卻沒有眼光能將鐵塊「昇華」。他認為最好的可能就是將這塊鐵製作成馬蹄鐵，如果製作成功，他會自己慶祝一番。

這時，出現了一個刀匠，他受過一點點教育，有一點點眼光，洞察力比之前那位鐵匠稍微敏銳一點點，他從這塊鐵上面看到的東西稍微多一點。他學習過淬火和回火等許多工藝，他也有砂輪、拋光輪以及回火爐等工具。鐵塊被熔化之後，被碳化成鋼，取出之後進行鍛造，回火，加熱到白熱程度，再被放到冷水或冷油中以提高韌度，最後小心翼翼地進行打磨和拋光……

當所有程序完畢，他給目瞪口呆的鐵匠出示了一把價值幾千元的刀身，而後者從這塊鐵皮中只看到價值十幾元的馬蹄鐵。

但是，當刀匠向另外一個工匠展現他的成果時，那位工匠卻說：「這塊鐵的價值，你連一半都沒呈現出來。我看到一個更高級、更好的用途。我對鐵有所研究，對鐵的成分以及它能夠製作成什麼都非常清楚。」

那個工匠的手法更細膩，感覺更敏銳，訓練更有素，想法也更有新意，決心也更大，這些讓他對這塊鐵的瞭解更深，看得也更遠——不只是馬蹄鐵，不只是刀身——他將這塊粗鐵變成精緻的細針，並用極其精準的手法切割針眼。與刀匠的工藝相比，這種細小到幾乎都看不見的針眼需要更為精巧的工藝和技巧。

工匠認為自己的技藝簡直到了不可思議的地步，他認為自己已經將這塊鐵的可能性發揮到極限了。而且，他的作品價值是刀匠作品的很多倍。

但是，這時又來了一個技術非常高超的技工，他的頭腦更靈活，手法更細緻，為人也更有耐心、更勤奮，他的技術水準和所受的訓練都更高，他將這塊粗鐵製作成精細的鐘錶發條。當其他人看到價值只有幾十元、數千元的馬蹄鐵、刀身或細針時，他具有穿透力的眼睛看到的卻是價值上萬元的產品。

又有一位更高明的工匠出現了，他告訴大家這塊粗鐵尚未得到最高境界的表現。他擁有可以讓這塊鐵創造奇蹟的「魔法」。在他看來，即使是鐘錶發條也似乎稍顯粗劣笨重。他知道如何將製作發條的工藝進一步延伸，如何在製作的各個階段讓工藝盡善盡美，如何對金屬質地進行完美處理，從而讓金屬的每一寸纖維都能產生不可思議的效果。他將鐵塊通過多重提煉工藝處理，經過仔細的回火，最後成功地將其製作成肉眼幾乎看不見的螺旋形細彈簧……

就像每一位工匠都有自己的鍛造目標一樣，我們對自己的期望將決定我們會成為什麼樣的人。

如果我們只能看到「馬蹄鐵」或「刀身」，那麼我們即使付出所有的努力與奮鬥也不會製作出「細彈簧」。

那麼，你正在期望什麼呢？

如果說人生就是一個自我鍛造的過程，那麼成功就是將自己所擁有的「材料」——無論它是性格、知識還是經驗——的價值最大化，而決定這些材料最終具有多大價值的因素，是鍛造師的心理期望。

這就好比你是一塊「鐵」，你的內心期望自己只是一塊「馬蹄鐵」，你就只可能鍛造成一塊「馬蹄鐵」，而不會成為價值百萬的「精密儀器」。

有一個正在巡迴表演的馬戲團，成千上萬的觀眾被它吸引，更令人拍案叫絕的是其中一隻大象的演出。

有一個少年為了能夠更近距離地看看大象，特意跑到馬戲團的後臺，到處找大象棲身的地方。但是，他卻發現那頭大象被一條普通的繩子縛在一根木頭旁。

少年好奇地問一位馴獸師：「先生，為什麼只用一條繩子便能制服這麼巨大的象，難道不怕牠用力一拉便逃走了嗎？」

「你不瞭解吧！」馴獸師笑笑說：「當牠還小時，我們用大鐵鍊把牠鎖著，每當牠想逃走時，牠只要用力一拉鐵鍊便痛得動彈不得，久而久之，每次當牠想到用力拉就有痛的感覺的時候，牠便放棄了。所以，現在我們只需要用一條繩子縛著牠，因為牠也不再相信自己可以逃走了。」

現實生活中，是否有許多人也像大象一樣屢屢去嘗試著實現自己心中的夢想，但是往往事與願違。在經歷過多次的失敗打擊之後，他們便消極起來，不是抱怨這個世界的不公平，就是懷疑自己的能力。他們不去努力尋找新的奮鬥目標，追求突破，而是一再地降低自己的人生目標——即使原有的一切限制早已消失。

現實中的「大鐵鍊」雖然沒有了，可是他們的心卻拴上了一條「鐵鍊」。他們早已經「痛」怕了，不敢再嘗試，或者已習慣了「鐵鍊」對自己的束縛，不想再跑了。人們往往因為害怕受傷、失敗而放棄追求成功，甘願忍受失敗者的生活。

難道「大象」真的不能掙脫繩子的束縛嗎？絕對不是。只是牠的心理已經接受了「這根繩子的強度是自己無法掙脫的」這個現實。

跨越現有的心理高度。只要你希望生活中發生好事，那麼就沒有什麼好事不能變成現實，沒有什麼美妙的事不會發生，沒有什麼好事不能持久。即使你現在仍沉浸在消極的想法中，但只要你開始「救贖」自己——你便能從謬誤和謬誤導致的結果中解脫出來。

一個人，無論他的能力多麼突出，才華多麼出眾，學識多麼淵博，但最終決定他能否成功的卻只有一個因素——他的心理高度，即他認為自己能取得多大的成就。

用你最大的努力去「聚焦」

沒有目標，一切的想法都只是停留在空想之中，人有了目標人生才會有努力和奮鬥的方向，奮鬥也會變得更加有動力。

在任何年代、任何國家，其社會結構都接近一種「金字塔」形狀。大量的人處在「金字塔」的底部，只有一小部分人處在「金字塔」的頂部：處在塔底的人們每天辛辛苦苦地工作，但卻只能勉強維持自己的生活；而處在塔頂的人則是蒸蒸日上，發展前途不可限量。

現實生活中，大多數的人只能做普通的工作，有普通的收入；少數人在高層作決斷，享受財富。然而，人們往往忽視了，這些身處頂端的人，曾經也處在底部，他們是一步一步地攀上「金字塔」的頂部的。

為什麼偏偏是他們達到了眾人矚目的高度呢？

一九五二年，默多克的父親因病去世了，未滿廿二歲的默多克接手了父親在澳大利亞的報業集團。

經過一番思考，默多克通過轉讓、合併的方式保住了父親的兩份報紙。他又擔任了《新聞報》和《星期日郵報》的出版人，兼併了《星期日時報》，而後又收購了《鏡報》，默多克決心以英國的《每日鏡報》為榜樣，辦好這個報紙。

《鏡報》的地位剛剛鞏固下來，默多克又奔向新的目標，他想創辦一份全國性的報紙，這是他一直以來的願望。而創辦一份成功的全國性報紙，在大多數辦報人心目中只不過是一場夢。但默多克決心「夢想成真」。他斷定，一份嚴肅的全國性報紙一定會獲得成功，它將會是《紐約時報》和《華爾街日報》的一種混合體。經過他的不懈努力，《澳大利亞人報》誕生了。

許多人稱《澳大利亞人報》是默多克的另一面，因為這份刊載金融和政治事務的嚴肅的日報，同那些通俗的「大眾化」報紙形成了截然不同的兩種風格。事實上，這份報紙一直都在賠錢，可為了榮譽，默多克一直堅持辦下去。直到十五年後，《澳大利亞人報》才開始贏利。

一九六八年，新婚不久的默多克登上了英倫三島。一到英國，默多克自然就想到了英國那份著名的報紙——《每日鏡報》，可是那時時機還不成熟，他轉而把眼光投向了《世界新聞報》，經過一番周折，他掌握了該報紙的主要股份。

默多克的報紙為迎合讀者口味，常會採用聳人聽聞的報導，這一點越來越受到一些人的批評。但默多克堅持強調，他只能為公眾提供他們喜聞樂見的東西。他的報紙銷量猛增而競爭對手的銷量一落千丈的事實，證明了他的策略行之有效。

二十世紀七〇年代，默多克又買下了《太陽報》，而《太陽報》從此就以裸體女郎、過激言論、體育報導作為自己的「招牌」。一年之內，它的發行量就從八十萬份猛增至兩百萬份！到八〇年代末期，這份報紙的銷量超過了《每日鏡報》，成為英國最暢銷的日報之一，成為默多克的「搖錢樹」！

這次成功，使默多克成為「百年不見的風雲人物」。

自從二十世紀七〇年代以來，《泰晤士報》就遭到嚴重的經濟危機，在這種處境艱難的時刻，默多克乘虛而入，成功地收購了它，最終結束了其「從不賺錢」的歷史。

到了二十世紀八〇年代末期，默多克佔有全英報紙發行量的三十五%，成為英國報業的「執牛耳」之人。

默多克永不會停止自己的腳步。人們期盼著默多克的下一個行動，猜測他擴張的下一個對象是什麼？

默多克成功並不是一步登天的，即使他從一開始就有寬裕的環境，但他今天的成就是靠他一個一個目標實現，最後積累下來的。直到今天，默多克依然沒有停止他擴張的步伐。當別人以為他進入電影領域後會停下來時，他又涉足了衛星電視領域、圖書出版領域。

顯然，成功者總是那些有目標的人，鮮花和榮譽從不會降臨那些沒有目標的人頭上。

有一位父親帶著三個孩子，到沙漠去獵殺駱駝。

他們到達了目的地。父親問老大：「你看到了什麼？」

老大回答：「我看到了獵槍、駱駝，還有一望無際的沙漠。」

父親搖搖頭說：「不對。」

父親又以同樣的問題問老二。

老二回答：「我看到了爸爸、大哥、弟弟、獵槍，還有沙漠。」

父親又搖搖頭說：「不對。」

父親再以同樣的問題問老三。

老三回答：「我只看到了駱駝。」

父親高興地說：「答對了。」

上面的這個故事告訴我們，目標確立之後，就必須心無旁騖，集中全部的精力，注視目標，並朝著目標勇敢地邁進，這是邁向成功的第一步。

表現傑出的人士都是遵循著一條類似的途徑獲得成功的，美國學者稱這條途徑為「必定成功公式」。這一途徑的第一步是要知道你所追求的，也就是要有明確的目標；第二步就是要知道該怎麼去做，否則你只是在「做夢」，你應立即採取最有可能達成目標的做法。

如果你仔細留意成功者的做法，他們就遵循這些步驟：一開始**先有目標**，明確前進的方向；然後採取行動，因為「坐著等」是不行的；接著是**擁有判斷和選擇的能力**，知道該如何去做；最後**不斷修正、調整、改變做事的方式和方法**，直到達成目標為止。

你必須有目標，為你的目標而努力。辛勤工作並不表示你真正投入工作了。同樣砌磚牆，有的人默默埋頭苦幹，覺得工作很無聊，但還是認命地做下去；有的人卻一邊砌牆，一邊想像這座牆砌成後的面貌，想像著上面也許會爬滿玫瑰花，孩子們也許會攀在牆頭看風景等，他在努力砌牆的同時，「眼睛」已經看到努力的成果了。

前一個砌牆人雖然賣力，其實跟牛馬差不多，在既有的工作上「打轉」，生活對他而言是一種苦刑；而後者卻能陶醉在工作中，同時他很可能一邊工作，一邊思考改善的方法，因此技術會不斷進步，工作不僅不讓他覺得無聊，還讓他有機會成為這一行的「高手」。

一個名叫泰莉的空中小姐，很喜歡環遊世界，另一個空中小姐寶玲也一樣，但她還希望有自己的事業，最好與旅遊有關。寶玲每到一個地方，就不停地記下她經歷到的一切，尤其是當地的旅館及餐廳狀況，並不時把自己的經驗提供給乘客。

終於，她被調到旅遊行程安排的部門，因為她就像一本「活百科全書」，她掌握的旅遊知識非常豐富。她在那個部門如魚得水，更掌握了世界各大城市的旅遊動態，幾年之後，她已擁有了一家自己的旅行社。

泰莉呢？她還是一個空中小姐，還是努力工作，但顯然並沒有什麼升遷機會，唯一能改變現狀的，大概只有結婚。事實上，泰莉和寶玲一樣賣力工作，但泰莉沒有目標，只是隨興地到世界各地遊玩，不把旅行看作發展潛力的機會。沒有特定目標的人，往往終生在原地「打轉」了。

如果一個人知道自己的目標，並且能完全投入其中，成功的機會就會不斷湧現。人都有「惰性」，即使一心想成功的人，同樣有「提不起勁」的時候。不過，只要你承認這點，並堅持不向「惰性」屈服，那你的成功便指日可待了。

對自己「太容忍」，就是對自己「殘忍」

毅力是一把磨刀石，雖然不起眼，但是卻能夠把鐵杵磨成針。毅力是一枚測金器，只有真金才能經得住考驗，只有傑出的人才能被篩選出來。有些人志向遠大，但堅持不了多久就退縮了；有些人一直堅持，但往往在離目標僅有一小段距離的時候因為欠缺毅力，而在最後一刻選擇了放棄。人生所經歷的一切都在長期考驗著我們的毅力，唯有那些堅持不懈的人才能得到成功的眷顧。

彼德・戈柏是索尼娛樂事業公司的總裁，這個企業的前身即是聞名全球的哥倫比亞電影公司。在競爭激烈的電影市場，彼德・戈柏與他的搭檔鐘・彼德斯共同為世界影視創造了一部又一部的經典之作，「奧斯卡金像獎」也多次被他們公司收入囊中，彼德・戈柏也因此成為電影界最有能力且最受人們尊敬的人之一。

權威媒體評價彼德・戈柏說：他能在這樣一個競爭激烈的行業中具有如此重大的影響力，其中一個原因是他具有其他人所未有的眼光，另一個原因就是他有一般人所不及的毅力。

拿電影《蝙蝠俠》來說，在這部影片開拍之前，許多片廠主管都說這部片子毫無市場。他們認為除了小孩子會去看之外，就只有《蝙蝠俠》這部漫畫的書迷肯掏錢走進電影院。

經歷了一次又一次的拒絕和否定，這部影片險些胎死腹中。然而，戈柏和彼德斯不顧接踵而來的挫折、打擊、失望和風險，堅定地走了下去，最終完成了這部電影。在電影上映後，這部很多人都不看好的電影，「賣座率」高踞電影史上的「冠軍」寶座。

再如著名影片《雨人》，這部影片在整個攝製過程中前後換了五位編劇、三位導演，其中一位導演還是大名鼎鼎的史蒂芬史匹柏。之所以數次更換主創人員，是因為他們都認為觀眾不會有興趣看一部全片只有兩個人駕車橫越全美國過程中的故事，何況這兩個人的其中一位心智還有問題。

雖然一再遭受挫折，但戈柏始終堅持自己最初的想法。最終結果也證明彼德・戈柏是對的，該片囊括了「奧斯卡金像獎」的四項大獎。

經過多年的打拼，戈柏深深體會出只有堅持到底才會有所收穫，只有擁有鍥而不捨的毅力才能獲得成功。

一個企求立刻就能看到結果的人，往往放棄得也快，只有有毅力且能堅持到底的人才會達到人生的目標。人生之中並非事事都如意，有時候我們定下了目標，可是當遇到挫折時，或者是裹足不前，或者是另尋其他目標。沒有毅力堅持目標的人很難有所作為，真正成功的人，往往都是不給自己「留後路」的人。

人有時只有斬斷自己的「退路」，才能把「不可能」變成「可能」。只有將自己「逼上梁山」，才能找到出路。對自己「太容忍」，就是對自己的「殘忍」。當我們不能後退時，就只能前行。

自由，就是自行選擇你的人生態度

人在個體上存在差別——體力有強弱之別，智力有高低之分。在激烈的社會競爭中，難免會產生「強弱」。在這種有形無形的劃分中，我們也有意無意地把自己擺放在一個特定的「等級」上，這樣，難免就會有人自信、有人自卑。

難道「強弱」真的就這樣一成不變嗎？

一匹掉隊的斑馬不安地四處張望著。一隻餓了一天的獅子發現了這匹斑馬，於是牠借著草叢的掩護，潛行到了斑馬後面。

斑馬沒有發覺來自身後的危險，獅子突然「閃電」般地躥出去，衝向那匹斑馬，斑馬這時才知道危險臨近，牠本能地閃躲著獅子的攻擊。獅子在第一回合撲了個空，轉身再度撲來，斑馬拔腿狂奔，閃進一處灌木叢裡。在灌木叢裡追逐獵物可不是獅子所長，牠在外面搜尋了一會兒，低吼幾聲，蹣跚地回到原來的土丘上。

這是一則模擬出來的草原競爭，雖然是模擬，卻是事實——獅子是草原上的強者，很多動物根本不是牠的對手。還有些動物，一看到牠就四肢無力，癱在地上等待生命的結束。

和獅子比起來，斑馬是「弱者」；除斑馬之外，草原上還有許多「弱者」，可是，這些「弱者」至今仍然存在。可見，在動物的世界裡，沒有絕對的「強者」和「弱者」，「強弱」只是相對的。這是一種生態平衡，也可以這麼說，在動物世界裡，「弱者」也有屬於自己的一片天空！

在人的世界裡，也沒有絕對的「弱者」。在田徑場上，跑得快的便是「強者」；在考場上，分數高的便是「強者」！可是，田徑場上的「強者」並不一定是考場上的「強者」，考場上的「強者」也不一定是商場上的「強者」！因此，所謂的「優勝劣汰」只描述了一部分的真實，這句話並不是真理，如果錯誤地理解它，那麼自認為「弱者」的人就一輩子沒有出頭之日了。

當遭遇挫折或者失敗的時候，「弱者」喜歡找比自己差或者渺小的人或事物作「參照物」，以此安慰自己還不是最差的一個。「強者」則相反，他們會找比自己更強大、更寬廣的人或事物作為「參照物」，以此看到自己的渺小和不足的地方，重新找到自己的方向並振作起來。

一九四六年，一個名不見經傳的汽車小廠「豐田」開始立下雄心，制訂了向當時的汽車王國——美國挑戰的計畫。

作為戰敗國日本的企業，「豐田」公司在資金上、技術上還不能與實力雄厚的美國汽車大公司相比，而且在一九四九年以前，駐日本盟軍司令部還禁止日本製造汽車，但這些都沒有阻止日本人向美國汽車挑戰的雄心。三十年後，日本「豐田」汽車也成為世界上家喻戶曉的名牌。

日本「尼康」公司原是生產軍用望遠鏡的軍工企業，日本戰敗後不得不「軍轉民」，開始轉產民用照相機。當時世界上的「照相機王國」是德國，「尼康」公司就把自己的產品定位於趕超德國照相機。

三十年後，日本照相機擊敗德國照相機，可以說，現在世界上的高檔照相機有百分之九十都是日本產品。曾經，世界上的「手錶王國」是瑞士，日本的「精工」等公司又把產品目標放在趕超瑞士手錶上，後來日本成為「世界第一手表生產國」。

總之，在社會生活中，**實力最強的不一定是生存能力最強的**。只要存在競爭和無數的競爭對手，實力最強的也可能最先消亡，而實力最弱的如果能夠覓得良機，也極有可能獲得最終的勝利。在職業生涯中，能力最優者也未必就會成就事業，因為其面臨的競爭最多，在不斷的反覆博弈中，最終可能會由於其他原因敗下陣來；而能力弱者如果能潛心修煉，也有可能獲得最後的成功。

我們常常會看到一些弱者，他們總是不停地抱怨；而強者幾乎從來不向別人抱怨，他們認為抱怨解決不了任何問題。

一種商品的價值是通過它的價格體現的，而人的價值卻是由態度來決定的。用積極的態度肯定自己，你就會擁有積極的人生；用消極的態度否定自己，你最終只能擁有消極的人生。

有一個小男孩，剛出生就被父母遺棄了，一直生活在孤兒院裡。他非常悲觀，總是無精打采地問院長：「院長，你說人活著究竟有什麼意思呢？」院長總是笑而不答。

有一天，院長交給小男孩一塊石頭，說：「明天早上，你拿著這塊石頭到菜市場上去賣，但不是真賣，記住：無論別人出多少錢，你都不能賣。」

第二天，小男孩就拿著石頭來到市場上，找到一個角落蹲了下來。過了沒多久，就有不少人對他的石頭感興趣。第一個人說：「小孩，三個金幣賣不賣？」

另一個人則說：「我出五個金幣！」第三個人大喊：「賣給我，我願意出十個金幣！」

價錢越抬越高，小男孩其實已經動心了，十個金幣對他來說是多大的一筆財富啊！可是，小男孩牢牢記著院長的話，怎麼也不肯賣掉那塊石頭。

回來後，小男孩興奮地向院長「報告」了這天發生的事情，院長說：「明天你再把它拿到黃金市場去賣。」

第三天，在黃金市場上，有人竟然肯出比第二天高十倍的價錢來買這塊石頭。可是小男孩還是沒有賣。

第四天，院長又讓小男孩把石頭拿到珠寶市場上去展示。結果，石頭的身價又長了十倍，而且由於小男孩怎麼都不肯賣，一傳十，十傳百，那塊石頭竟被傳為是「稀世珍寶」。

最後，小男孩興沖沖地捧著石頭回到孤兒院，把這一切都告訴了院長，問：「為什麼會這樣呢？它只是一塊很普通的石頭啊！」

這回院長沒有笑，他望著孩子慢慢地說道：「孩子，其實生命的價值就像這塊石頭一樣，在不同的環境下就會有不同的意義。這塊不起眼的石頭，僅僅由於你的珍惜而提升了它的價值，竟被傳為稀世珍寶。你不就像這塊石頭一樣嗎？只要你自己看重自己、珍惜自己，你的生命就是有意義的，你活著就是有價值的。」

劉墉先生說過：「雖然不是每個人都可以成為偉人，但每個人都可以成為內心強大的人。內心的強大，能夠稀釋一切痛苦和哀愁；內心的強大，能夠有效彌補你外在的不足；內心的強大，能夠讓你無所畏懼地走在大路上，感到自己的思想高過所有的建築和山峰！」

「弱者」與「強者」的不同之處在於，「弱者」的嘴巴比行動能力強，而且二者幾乎成反比；而「強者」的行動能力比嘴巴強，但二者的差距不會太大。

當所有人都不相信你時，你仍要相信自己

世界著名成功學之父戴爾・卡內基曾經說過：「一個年輕人，如果從來不肯竭盡全力來應對所有事情，如果沒有堅強不屈的意志，如果沒有真誠熱忱的態度，如果不施展自己的能力，如果不振作自己的精神，那麼他絕不會有什麼大成就。」偉人之所以能夠成功，就在於他們相信自己的能力，要求自己一定要超越別人、戰勝別人，從而自強不息、奮鬥不止、堅韌不拔。所以說，自信是人承擔大任的第一個條件。**只有非常的自信，才能成就非常的事業**。對事業充滿自信而決不屈服，便永遠沒有所謂的失敗。

英國歷史上曾經有過這樣一件事：杜邦將軍未能攻下克切斯城，他在法拉格特將軍前面極力為自己開脫。法拉格特將軍聽完後只說了一句話：「一個重要的原因你沒有講到，那就是你一開始就不相信自己能打敗敵人。」

許多事情往往都是如此，如果你開始時就不相信自己能夠成功，那麼你絕不會成功。明白了這個道理，再依靠自己的努力而不是依靠「上天」的機遇或他人

的幫忙，我們才能在某一方面成為傑出的人物。

有一個法國人，正處在「不惑之年」，這個年紀本應該事業有成，但是他卻恰恰相反，一事無成。家人對他失望極了，久而久之，就連他自己也認為自己失敗至極。

離婚、破產、失業……一連串的打擊，使他覺得人生已經失去了價值和意義。由於對生活的不滿，他變得越來越古怪、易怒，同時也十分脆弱，經不起任何打擊。

有一天，他失魂落魄地在大街上走著，一位吉普賽人正在街邊擺攤算命。

「先生，算一卦吧！」吉普賽人淡淡地說。

他想，我又沒有什麼重要的事，權當是一種娛樂吧，於是他坐了下來。

看過手相後，吉普寨人對他說：「天哪，真沒有想到，你是一個偉人，真了不起！」

「什麼？請不要拿我開玩笑，我可不是什麼偉人。」

「你知道你是誰嗎？」

「我是誰？」他無奈地笑了笑，「我是一個名副其實的倒楣鬼、窮光蛋和被社會拋棄的人！」

吉普賽人笑著搖了搖頭，說：「先生，你錯了，你是拿破崙轉世，你身體裡流淌著拿破崙的勇氣和智慧。你就一點也沒有發覺，自己長得與拿破崙非常像嗎？」

聽了吉普賽人的話，這個法國人半信半疑：「不會吧，離婚、破產、失業全部都找上我了，不僅如此，我還無家可歸，這樣看來，我怎麼會是拿破崙轉世？」

「剛才你說的只能算是過去，你的未來可了不得，如果你不相信我說的話，五年之後再來找我，到那時，你可是全法國最成功的人。」

這個落魄的法國人帶著懷疑離開了，雖然表面上他對吉普賽人的那番言論很不以為然，但是不能否認，他內心有一種前所未有的美妙的感覺。在此之前，他根本沒有時間靜下心來鑽研拿破崙的生平事蹟，這一次，他對拿破崙產生了極大的興趣。

回到家後，他並沒有像往常那樣，面對滿室瘡痍唏噓不已，而是想盡辦法尋找和拿破崙有關的著作來學習。

時間長了，他發現，周圍的人對他的態度變了，他們都在用一種全新的眼光來看待他，他的事業也越來越順利。

直到這時，他才領悟到，其實周圍一切都沒有改變，唯一做出改變的只是他自己。經過一番仔細觀察，他發現自己的氣質、思維模式都在不自覺地模仿著拿破崙，就連走路，也頗有一點拿破崙的架勢。

又過了十三年，在這個人五十五歲的時候，他成了億萬富翁，一位法國著名的成功商人。

如果想讓周圍的人相信你，如果你想要承擔大任的話，首先應該相信自己。自信是成功的第一秘訣。有史以來，沒有一件偉大的事業不是因為自信而成功的。

決心就是力量，信心就是成功。當一個人懷著信心去做事的時候，心中就擁有了對所做事的把握，並且，在這個過程中，會表現出一種與眾不同的氣度，而這種氣度就是自信。

擁有了自信，再平凡的人也會做出驚天動地的事情來。這樣說，並不是說擁有自信的人就一定會成功，而是因為擁有自信的人們生活得往往都很精彩，通過自己的努力，讓「不可能」變為「可能」，他們是生命奇蹟的創造者。

一九八七年，麥格雷戈放棄了衣食無憂的「顧問」職位，去試著實現他的一個「夢想」。

他原來的公司是在機場和飯店向出差的企業人員出租「折疊式行動電話」，但這些不能提供有詳細記載的計費單，而沒有這種「帳單」，一些公司就以沒有依據為由不給雇員報銷電話費。現在急需在電話內裝一種電腦微電路，以便記錄每次通話的位址、時間、費用。

麥格雷戈知道自己的設想一定行得通，在家人的大力支持下，他開始物色投資者並著手試驗，但這項雄心勃勃的冒險進行起來並不順利。

一九九〇年三月的一個星期五，全家幾乎面臨絕境。一位法庭人員找上門，通知他們如果下星期一還交不出房租，他們就只有去「蹲大街」了。

麥格雷戈在絕望之中把整個週末都用來聯繫投資者，功夫不負有心人，星期天晚上十一點，終於有人許諾送一張支票來。

麥格雷戈用這筆錢付了帳單，並雇用了一名顧問工程師。但是忙碌了幾個月，工程師說麥格雷戈設想的這種裝置簡直是「不可能」！

到了一九九一年五月，家庭經濟狀況重新陷入困境，麥格雷戈只好打電話給貝索思——一家著名的電訊公司，一位高級主管在電話裡問他：「你能在六月廿四日前拿出樣品嗎？」

麥格雷戈的腦中不由想起工程師的話和工作臺上試驗失敗後扔得到處都是的工具，他強迫自己鎮定下來，用儘量自信的聲音說：「肯定行！」

他馬上給大兒子格里格打去電話——他正在大學讀電腦專業，告訴他自己所面臨的嚴峻挑戰。

格里格開始通宵達旦地為父親設計曾使許多專家都束手無策的自動化電路。在父子兩人的共同努力下，樣品終於設計出來了。

六月廿三日，麥格雷戈和格里格帶著他們的樣品乘飛機到亞特蘭大接受檢驗，一舉獲得成功。

現在，麥格雷戈的特里麥克行動電話公司已是一家資產達數千萬美元、在本行業居領先地位的企業。

任何時候，你都不要輕易動搖信心。只要是你所嚮往的，如果你想實現終極目標，即使是你始終未曾接觸過的領域，也一定要從心裡建立起「有信心」的信念。你得從此刻便開始學習感受那份信心，相信自己有資格、有力量取得成功。

可以毫不誇張地說，**一個人之所以失敗，是因為他自己想要失敗；一個人之所以成功，是因為他自己想要成功。**一個平庸的喪失進取動力的人，總覺得自己不重要，成就不了什麼大事，因而他扮演的始終是可有可無的「小角色」。這樣的人，他的言談舉止都顯示出信心的缺乏。實踐證明，「否定自己」是一種可怕的思想，它足以產生一種消極的力量，常常使人走向失敗之途；而充滿信心的人，則常常踏上成功之路。

第三章　不要在你還沒有努力的時候，就斷言這個世界的不公

這個世界沒有那麼殘酷，它只是不偏袒你而已

遇到比自己過得舒服的人，大多數人喜歡把「憑什麼」掛在嘴邊，似乎錯的永遠是這個世界，但太多的人習慣在還沒有努力的時候，就斷言這個世界的不公。然而，這個世界沒有那麼殘酷，它只是不偏袒你而已。

是啊，世界上似乎到處都是不公平的事。放眼望去，比你有錢，比你有能力，比你地位高的人，數不勝數。進入社會的你，想想過去有父母在自己身邊保

護的無憂無慮的生活，怎麼會不產生落差呢？於是你怨世嫉俗、憤憤不平，怨恨世界對你的不公。

當你抱怨這個世界的不公平時，這個世界上還有連學費都交不起的學生，還有得了重病拿不出手術費的人，還有很多不工作就會餓死的人，還有出生時先天畸形、父母早亡、智力有缺陷的人。

這時候你為什麼看不到這個世界的不公平呢？

這個世界，雖然不是生來就給了每個人公平，但是有很多事情，在公平的範圍內，是可以通過努力來達到的。

這個世界雖然不公平，但是它創造了一個規則，那就是人盡力，依然可以過得更好。

一位年輕貌美的女孩，朵拉，在一個論壇網的金融版上發表了一個「帖子」，題目是「我怎樣才能嫁給有錢人？」她這樣寫道：

「我說的都是實話，我今年廿五歲，有天使的面孔、魔鬼的身材，十分有品味，談吐也不俗，我想嫁給一個年薪五十萬美元以上的男人，我想我有這個本錢。其實這個要求不高，在紐約，年薪一百萬美元才算是中產。這裡有年薪超過五十萬美元的人嗎？結婚了嗎？我特別想知道如何才能嫁給你們這樣的有錢人？我約會過的人中，最有錢的年薪是廿五萬美元，這似乎是我的『上限』。

「我想要住進紐約中央公園以西的高級住宅區，這只有年薪達到五十萬美元的男人才能做得到。所以，我有幾個問題想要請教：第一，那些『黃金單身漢』一般都在哪裡消磨時光？第二，您覺得我把目標定在哪個年齡段比較有希望？第三，為什麼有些相貌一般、身材一般的女人卻能幸運地嫁給大富翁？這不公平。」

一位華爾街金融家看到這個「帖子」後，這樣回答：「親愛的朵拉：我相信很多女孩和你有著同樣的疑問。恰好我是一個投資專家，可以從一個投資專家的角度對你的處境做一個分析。請放心，我不是在浪費大家的寶貴時間，我年薪超過五十萬美元，算得上您眼中的『有錢人』，符合您對伴侶的要求。」

這位熱心的投資專家是這樣解釋的：

「從投資角度來看，選擇跟您結婚是個失敗的經營決策，道理很明顯，簡單地說，您的要求其實是一樁『財』和『貌』的交易：您提供迷人的外表，我出錢來買下它，確實是公平交易。但是，有一個問題很致命，隨著時間的流逝，我的錢不但不會減少，反而會逐年遞增，但您卻不可能一年比一年漂亮，您的美貌會很快消逝。因此，從投資的角度講，我是增值資產，您是貶值資產，而且貶值得很快！如果容貌是您僅有的資產，那十年之後我肯定會虧損嚴重！

「投資中有『交易倉位』的術語，就是說，一旦某種物資價值下跌就要立即拋售，而不宜長期持有。對於一件會加速貶值的物資，作為一個投資專家、一個年薪超過五十萬美元的人應該不會很『傻』，應該選擇暫時持有，就是『租賃』，而不是『買入』，因此，我們只會跟你交往，而不會跟你結婚。所以，我奉勸您不要總是想著如何嫁給有錢人，有錢的『傻瓜』不太好找，您不如想辦法把自己變成年薪五十萬美元的人，這樣勝算還比較大。

「我的回答對您有幫助嗎？順便說一句，如果您對『租賃』感興趣，可以聯繫我。」

哲人說過：「如果要絕對的公平，一分鐘都不能生存。」

所以說，公平是相對的，美女與投資專家所認為的公平是完全不相同的。也就是說，你認為的公平對我來說不一定是公平，只有兩人都認同的才算得上公平。可是這樣的機率很小，因為人們常常都是從自身利益出發。

每個人都能說出一大堆自己遇到的不公平的事情，有些還能讓人流下痛惜的眼淚。有人痛罵現在的社會充滿欺詐，貪官污吏層出不窮；有的人利用自己佔有的資源，一夜暴富，而沒有任何資源的人，只能處處吃虧，辛苦勞動卻所得甚少……難道生活就是這樣的不公平嗎？

你不是沒有機會，而是當機會來到的時候你把握不住，就如同減肥一樣，人人都知道要「管住嘴」、「邁開腿」，但是又有幾個人能做到呢？能做到的人，最後都成功了；做不到的還大有人在，並且他們還懷疑做到的人是不是走了「捷徑」。

這個世界不可能絕對的公平，但是你不能讓世界的不公平侵蝕了你自己的心靈。**你如果想要變成「強者」，就要配上「強者」的心。**「強者」知道這個世界不公平，更明白自己能在不公平的規則之下做些什麼，既然你沒能力顛覆這一規則，就要默默為自己的目標努力。「強者」之所以為「強」，就是懂得規則，順應規則，最後強大到自己創造了規則。

如果你一開始就無法接受這個世界給你的規則，那麼你就永遠只配是個抱怨的「弱者」。

別矯情了，別頹廢了，不要問，不要等，不要猶豫，不要回頭，要向前看。上天喜歡勇者，喜歡直面現實的勇士，現實的黑暗自有其存在的合理性，你要學會接納，更要逆流而上，要盡可能地去改變不公平的事實，要以平常心、進取心對待生活，那麼不公平也就會消失得無影無蹤。

失去了春天的溫暖，才能迎來夏天的熱情

世人所謂的「得失」，大多是物質上的「得失」，但實際上物質「得失」只是「得失」中的一小部分。如果我們只盯著這一點，就很容易「鑽牛角尖」，讓自己活得很累。

如當一個人失敗時，他很可能會感到無奈，覺得自己失去了很多，失去了時間，失去了精力，也失去了信心。但實際上他也得到了很多，得到了經驗，得到了教訓，也得到了磨礪，而且為下一個成功奠定了基礎。這些價值雖然都是無法量化的，但它們的價值是無限的。

所以，我們應該學著換個角度來看「得失」。在某些情況下，失去本身就是一種得到，而得到也是另外一種意義上的失去。得到的越多，失去的也可能越多，而失去的越多，得到的也可能越多。因此，每個人都不要因為得到而過於歡喜，也不要因為失去而感到惋惜，因「得」而「失」，因「失」而「得」，都是常有的事情。

「得」與「失」本來就是人生平常事，「得」與「失」是相輔相成的，有「得」必有「失」，很多人就是過於看重「失」，才會喪失對人生的信心。

其實，「失」並不是什麼壞事情，古語有云：「禍兮福所倚，福兮禍所伏。」當你失去的時候，卻往往會收穫另一種希望。有人甚至說，一個人若是想要得到一些什麼，那麼就必須做好為此失去一些什麼的準備。

從前有個老翁，他家裡的一匹馬無緣無故地掙脫羈絆，不知道跑到哪裡去了。四鄰知道了這件事情後，都紛紛表示惋惜，勸說老翁不要往心裡去。不過老翁對此並不以為然，他反而來安慰鄰居：「丟了馬當然是件壞事，可是誰又能保證它不會帶來好的結果呢？」

果然，幾個月後，那匹馬突然自己回來了，還帶回了另外一匹駿馬。得知這個消息，鄰居們又紛紛前來祝賀，還誇讚老漢有遠見。

不過，老翁看起來卻憂心忡忡，他說道：「現在看來的確是一件好事情，而誰知道這件事情會不會給我們帶來災禍呢？」

老翁的兒子天性好武，喜歡騎馬，而家裡憑空多了一匹駿馬，著實讓他高興不已。於是，他天天騎著那匹馬外出射獵。

有一次，他在野外騎射時，烈馬卻脫了韁，他重重地摔在了地上，結果腿被摔斷，成了終身殘疾。善良的鄰居們聞訊後，又趕來安慰老翁，可是老翁卻還是一貫的作風：「看起來這是一件壞事，可誰知道這件事情會不會帶來好的結果呢？」

一年過後，胡人侵犯邊境，大舉入塞，朝廷到處徵兵，那些身強力壯的男子都被徵召入伍，結果他們十有八九都在戰場上送了性命。而老翁的兒子因為是殘疾，卻逃過了這一劫，避免了這場生離死別的災難。

這就是那個非常有名的典故：塞翁失馬，焉知非福？

看來很多時候，「福」可以轉化為「禍」，「禍」也可變化成「福」，這種變化深不可測，誰都難以預料。故事中的老翁在「得」的時候沒有十分高興，而是想以後是否會面臨更多危險和困境；「失」的時候也沒有十分沮喪，而是想也許會給自己帶來機會和希望。這種智慧，實在令人佩服，這種達觀的精神，值得每一個人學習。

猶太人有一句意味深長的諺語：如果你斷了一條腿，那麼你就應該感謝上帝沒有折斷你的兩條腿；如果你斷了兩條腿，那麼你就應該感謝上帝沒有折斷你的脖子；如果你折斷了脖子，那也就沒有什麼好擔憂的了。短短幾句話，輕描淡寫地將十分殘酷的事情表述了出來，還帶著一絲幽默，這種過人的胸襟實在令人敬佩。

是的，當你換個角度來看待「得」與「失」時，那麼就會收穫一種超脫的境界，很多時候，**希望就孕育在絕望之中**。所以，面對生活中的不如意時，不要放棄，不要絕望，換個角度品味一下，你便能跨越「得」與「失」的界限。

夏天的一個傍晚，一位艄公正準備划船上岸，突然看見有一個人從岸邊跳進了河中，艄公趕快把船劃過去，看到那原來是一位年輕的少婦。艄公將她救起，問她：「看你年紀輕輕的，到底有什麼過不去的坎，以至於要自尋短見？」

少婦哭著說道：「我結婚才兩年，可是丈夫就遺棄了我，我把所有的希望都寄託在了孩子身上，可是前幾天我的孩子又病死了。您說我活著還有什麼樂趣？您為什麼不讓我死？為什麼要救我？」

艄公聽完她的話，沉思了一會說：「那麼在兩年前，你是怎樣過日子的？」

少婦說：「那時候是我一個人，自由自在、無憂無慮呀……」

艄公又問：「那時你有丈夫和孩子嗎？」

少婦回答說：「沒有。」

艄公說道：「那麼你現在只不過是被命運之神送回到兩年前了，現在你又可以自由自在、無憂無慮了，多好啊，快上岸去吧……」

聽了艄公的話，少婦如夢初醒，她想了想，便釋然地離岸走了。從此，她沒有再尋短見，並且開始了她的另一段人生。

艄公的幾句話便打消了那位少婦自殺的念頭，他所做的，只不過是從另外一個角度幫那位少婦分析了她的人生，卻讓她看到了人生的希望和曙光。

人生在世，大部分的煩惱就是源於「得失」之心，許多人總是會感嘆那小小的「失」，卻不去想那既有的「得」。我們應該明白：有「小失」才能有「大得」；有局部之「失」，才能有整體之「得」。失去，是一種痛苦，但又何嘗不是一種幸福呢？當你用不同的眼光去看待「得失」時，它便會有不同的意義。

失去了春天的溫暖，才能迎來夏天的熱情；失去了秋天的碩果，才能迎來冬日的潔白；失去了青春，才能得到成熟；失去了成功，卻得到了經驗。

一個人只有看輕「得失」，才能夠活得輕鬆、活得自在、活得灑脫，才能找到人生的座標，找到屬於自己的道路。

別妄想了，誰的壓力都不可能自動消失

很多成年人都喜歡說，要是我們永遠不長大，做一個單純懵懂的孩子，不用承擔來自事業、情感、家庭、社會的壓力，生活一定很甜蜜和輕鬆，世界一定很美好！

其實，這樣的說法是有很多破綻的——因為壓力本來就是無所不在的，從一個人出生開始，壓力就如影隨形。即使作為一個孩子，雖然沒有生計的煩惱，卻也要熟悉這個「新世界」的「雨雪風霜」，也會有各種各樣的需求無法滿足的失落。

年紀稍大一點後，孩子又會因為複雜的社會因素，與他人進行比較、競爭，形成實際的壓力。

等到再大一點，只要孩子對生活有了較為明確的目標和要求，就必須承受一份來自環境、體系、制度的壓力。但是，因為孩子天性中具備接受新鮮事物的特質，所以他們大多能很快消除壓力帶來的不適，進而穩重、沉著地應對挑戰。

壓力有大有小，你把它看得重，它就重；你把它看得輕，它就輕。與孩子的善於遺忘和善於學習相比，成年人由於太依賴於習慣和常規，對壓力的態度就顯得不那麼友好！

然而，適當的壓力對人來說，絕對是不可缺少的「清醒劑」。它讓你不畏懼困難，懂得思考如何進入新的局面、如何打破舊的格局，甚至讓你萌發自信和勇氣，這些都是幫助你將來獲得幸福的先決條件。任何人都要接受壓力的挑戰。

著名的凱撒從一個沒落貴族榮升到羅馬最高統帥，建立起龐大的帝國，每個時期他都肩負著沉重的壓力，他跨越了重重險阻，最終才收穫成功。

凱撒十九歲時，家族權威人士從家族整體利益出發，要求他放棄原來的婚約，與當權派人士的女兒攀親，甚至不惜使出各種手段對他進行脅迫。然而，面對壓頂的阻力，凱撒毫不退縮，堅持自己的主張，甘願讓個人財產和妻子的嫁妝被沒收，並上演了一場「出逃完婚」的劇碼，為自己贏得了信守諾言的美譽，這也是後來將士們願意追隨他的重要原因。

當凱撒頂住了第一個巨大壓力後，他又用了足足三十八年的時間，一步步從軍營、戰場，走向政壇，而在這一過程中，他時刻都要對抗難以計數的壓力。在與壓力抗衡的過程中，凱撒沒有浪費時間去煩惱，而是把越來越沉重的壓力變成動力，他不斷挖掘自己的各種優勢，發揮他的軍事才能，並用他英俊的容貌、機智的談吐以及堅毅鎮定的心志博得了民眾的好感，徹底掃除了攔在成功前面的障礙。

美國總統華盛頓說：「一切和諧與平衡，健康與健美，成功與幸福，都是由樂觀與希望的向上心理產生的。」不因壓力而放棄既定的目標，這是凱撒取得輝煌成績的原因之一。

明知道壓力不可能消失，整天妄想沒有壓力的生活無疑是給自己心裡增添煩惱。其實，遭遇壓力時最聰明的做法就是趕緊「跳出來」，分析壓力來源，思考如何將它轉變成有效的動力。

壓力太大，容易讓人一蹶不振；壓力太小，則容易讓人滋生惰性；適度的壓力，不僅能讓人保持清醒和活力，還能讓人產生自我認同的心理。

比如，在拳擊比賽中，有經驗的教練都會幫選手挑選實力差不多、剛好可以刺激選手鬥志的陪練進行訓練，讓選手可以在每一次比試中慢慢地進步。因為有外來的刺激，選手們不會有停滯不前的困惑，也不會盲目自信，如此他們才能通過不斷克服壓力，逐漸提升自己的實力。

二十世紀最偉大的喜劇演員卓別林出生於演員世家，他的父母因感情不和而離異。

當卓別林身體虛弱的母親在一次演唱時遭到觀眾「喝倒彩」，即將失去她唯一的經濟來源時，小卓別林卻意外地被帶到臺上代替母親繼續演出。沒有想到，卓別林雖然是初次表演，卻十分冷靜，他故意裝出和母親一樣的沙啞歌喉來演唱，最後竟意外得到了觀眾的認可，贏得了熱烈的掌聲。

雖然這個壓力來得很突然，但卓別林卻能及時解除壓力，這次的表演，無疑是他獲得成功的「第一個信號」。

拿破崙曾說：「最困難之時，就是離成功不遠之日。」從那以後，儘管生活還是無比艱難，但卓別林卻體會到自己在舞臺上的魅力，他忘記了那些貧苦、抱怨，一次次認真地學習表演的技巧。

一九二五年，卓別林完成了描寫十九世紀末美國發生的淘金狂潮長片《淘金記》，奠定了他在藝術界的地位。但是壓力並沒有因為成功的到來而卻步，由於有聲電影的興起，逐漸取代了傳統的默片，卓別林的日子又逐漸變得非常難熬，他不僅要面對事業的沒落，還要承受母親去世的悲傷，還有和妻子傳得沸沸揚揚的離婚案，以及電影《城市之光》的停停拍拍及放映權的談判……重重壓力下，讓一貫以喜劇角色出現在世人面前的卓別林彷彿一下子蒼老了二十歲，一縷縷白髮悄悄滋生。

當卓別林有一天突然意識到自己的頹喪於事無補時，他決定放下壓力，橫渡大西洋展開一次歐亞之旅，既是散心，又可以趁機為新片做宣傳和吸收新知。

卓別林用了很長一段時間才讓自己從壓力中恢復了工作激情，最後他終於重拾風采，帶著《摩登時代》出現在人們前面，獲得了巨大的成功。

每個人在每個時期都會遇到壓力。壓力來臨的時候，我們千萬不要退縮、回避，而應該勇敢地接受它，找到改善的方法，如此才能把因為情緒所產生的不必要的壓力統統釋放！

用勇氣和智慧去正視壓力，壓力就會變小，事態也會漸漸朝著好的方向轉換，這就是眼前的「大成功」。

詩人歌德說：「大自然把人們困在黑暗之中，迫使人們永遠嚮往光明。」既然壓力人人都有，無法完全消除，那麼，我們不妨利用壓力來改變我們的生活，創造出一個自己想要的結果。

請在「倒楣」時這樣想：有人比你更「倒楣」

你永遠不是最「倒楣」的那一個，總有人比你更「倒楣」。當你遇到不開心的事時，想想那些比你更「倒楣」的人，他們比你更有資格唉聲嘆氣、自暴自棄。

有時候，「倒楣」會「愛上你」，與你形影不離，你走到哪裡它就跟到哪裡，你差點就要被它逼瘋了，生活變得一團糟，你的心情完全像「烏雲遮月」一樣陰暗。這時，你怎麼辦？你怎麼才能讓自己的心情好起來？你要想：還有人比我更「倒楣」。

曾經也有個自認為很「倒楣」的人，他叫哈威。

哈威常為很多事情而憂慮，他覺得自己很「倒楣」，先是工作沒了，後來經商被騙破產了，花了七年時間才還清債務；妻子離他而去；孩子也總是給他找麻煩……總之，沒有一件讓他高興的事，他覺得上天對自己太不公平了，什麼「倒楣事」都讓他碰上了。

可是，有一天哈威突然轉變了，人變得樂觀了起來，不再時時抱怨說自己如何「倒楣」了。

那是一九三四年的春天，哈威正在一條街道上無精打采地彷徨著，突然有一幕景象落入他的眼中，讓他備受觸動、決心改變。

哈威看見馬路對面來了一個沒有腿的人，他坐在一塊簡易的木板上，木板下面像溜冰鞋一樣裝了滑動的輪子，他的兩手拿了木棍撐住地面往前滑，時刻注意躲閃過往的車輛和行人。

過街後，那人準備把自己挪到人行道上去，人行道比馬路高出幾英寸，正當他的小板子翹起來的時候，哈威正好和他的目光相碰，那人很坦然地說：

「早上好，今天是個好天氣，你覺得呢？」

哈威有點吃驚，他現在才發現自己原來其實是很幸運的，至少他還有兩條腿，能自如地走路，面對這樣一個勇敢地面對生活的人，哈威為自己以前的自怨自艾感到羞愧，他才明白自己根本就算不上一個「倒楣」的人。

從此，哈威每天早起在刮鬍子的時候，就看看貼在鏡子上的那句話：「別人騎馬我騎驢，回頭看看推車漢，比上不足，比下有餘。」總有人比你更「倒楣」，你沒有理由沮喪，要知道，生活其實很美好。

猶太人有句諺語：「假如你失去一隻手，就慶幸自己還有另外一隻手，假如失去兩隻手，就慶幸自己還活著，如果連命都沒了，就沒有什麼可煩惱的了。」當你覺得「倒楣」的時候，不妨換個角度看問題，看看自己還擁有什麼，這樣你會覺得自己還是很幸運的。比如，當你為灑掉半杯啤酒而懊惱時，不如為自己還擁有半杯啤酒而快樂；再比如，不小心摔倒時，你應該想——幸好我是在這裡摔倒，而不是在危險的地方摔倒，有人不是掉到下水道裡摔死了嗎？真是老天保佑，我真是幸運極了。

記住，你永遠不是最「倒楣」的那一個，總有人比你更「倒楣」。當你遇到不開心的事時，想想那些比你更「倒楣」的人，他們比你更有資格唉聲嘆氣、自暴自棄。仔細想想，你是不是還擁有其他的東西？比如，有一份自己喜歡的工作，有兩個可以訴苦的朋友，有幾件不錯的衣服可以替換，還有健康的身體，還能看見明天的太陽……這樣想想，你還有什麼不滿足的呢？

我一直以為，我的生命不要被別人保證

夢想是一個人存在的理由，否則人生就失去了其價值和意義。心中有夢想，人生就不會喪失希望，有夢想的人生才有目標，才會為了實現目標去奮鬥，人生因夢想而精彩！

在日本，有一位「五星級擦鞋匠」，他的名字叫源太郎。源太郎初中畢業後為了糊口，曾經到處打零工。偶然的一天，一位客人讓他幫助自己擦皮鞋，源太郎認真地把他的皮鞋擦得晶亮，最後得到了豐厚的小費。從這以後，他決定把「擦鞋」當成自己的事業，他的夢想是：成為世界上最優秀的擦鞋專家！

為了實現這個夢想，他先是花費三年的時間，遍訪了所有手藝好的擦鞋匠，虛心地向他們請教擦鞋的技巧。同時，他總結別人的經驗和缺點，研究出自己獨特的擦鞋方法。他不僅追求把鞋擦得乾淨、擦亮，還仔細地研究皮鞋的類型、質地。每有新品牌的皮鞋上市，他都要去買一雙鞋親自體驗一番，儘管那些鞋的價格非常昂貴。

對皮鞋的瞭若指掌，使得他擦鞋的技術達到了爐火純青的程度。他會根據不同品牌的皮鞋，選用不同成分的鞋油。遇到一些顏色罕見的皮鞋，他就用幾種顏色的鞋油自己調製。他還仔細地研究了各種鞋油的性質，努力做到既光亮，又充分滋潤皮革，讓光澤保持得更持久。

就這樣，源太郎出名了，他成為希爾頓飯店的「定點擦鞋匠」，希爾頓飯店負責人稱讚源太郎是「五星級的擦鞋匠」。他的手藝異常受歡迎，連日本前首相以及日本的財界大亨等一些著名人物都成了源太郎的常客。還有一些世界級明星，如麥可・傑克森等人都曾把鞋送到他那裡擦過。

源太郎的夢想實現了，他成為世界一流的擦鞋匠。一個小小的擦鞋匠，憑著滿腔的熱情和激情，也能取得如此大的成就，這就是夢想的力量。

有位哲人說：「**離開了夢想，任何人都算不了什麼；而有了夢想，任何人都不可以小覷。**」無論你身處怎樣的環境，只要心中的夢想不滅，你就會在生活中釋放出你的激情，將短暫的一生過得富有意義。

希拉蕊・柯林頓曾說過，自己成功的秘訣之一就是敢為夢想付出代價。追夢的路上，充滿艱辛和困苦。然而，為了到達夢想之巔，這些荊棘是你必須要面對的，你遭受的失敗和打擊也是你不得不為夢想付出的代價。因為只有不怕付出代價、勇於付出代價的人，才會最終實現自己的夢想。

失去了安逸的生活，是為了追求人生歷練；失去了高薪工作，是為了在自己想要的領域獲得提升；失去了恬適的生活，是為了朝最終的目標邁進。如果你害怕為此白白努力，害怕付出代價，那麼就等於束縛了你行動的手腳，但是只要你敢於付出代價，堅持不懈的努力就能助你實現目標。

有個男孩心中一直深藏著兩個夢想，一個是長大後去環遊世界，另一個是當一名作家。由於家庭貧困，他只能將夢想埋在心底，幫爸爸幹活掙錢。

一天，他在幹活時發現了一張埃及地圖，便出神地看起來，心早就飛向那個神秘的國度了。可父親的巴掌使他從幻想中清醒過來，父親奪過他手中的地圖撕成碎片，說：「幹你的活吧！我保證你一輩子也去不了那麼遠的地方！」

他望著被撕碎的地圖久久不語。

他每天傍晚都去不遠處的林中掃落葉，每次都偷偷帶上一本書，抽空看上一會兒。可最終還是被父親發現了，父親對他說：「你今天把明天的落葉都掃完，明天我就讓你看書！」

他一聽高興極了，抱住每一棵樹使勁搖晃，許多葉子飄落下來，他掃完這些樹葉，心想明天該有一個清閒的傍晚了。可第二天傍晚他來到林中，驚訝地發現地上又落了一層葉子，懊惱之餘，他釋然了：今天掃完今天的樹葉，明天的樹葉不會在今天掉下來，不要為明天煩惱，要努力地活好今天這一刻。

許多年以後，他的作品被人們譽為「世紀末最清明的文章，人世間最美妙的聲音」，他就是臺灣著名作家林清玄。

他在埃及的金字塔下給父親寄了一張明信片，上面寫著：「我一直以為，我的生命不要被別人保證！」

自己的人生，自己把握；自己的夢想，自己描繪。一個人的夢想如果輕易地就被別人的威脅或言語擊碎，那麼它就不是他真心想要實現的夢想。一個真正偉大的人是敢於造就夢想且不畏人言，在任何風吹浪打的情況下都會不遺餘力去追求自己夢想的人。每個人都要對自己的夢想負責，只做夢，不去實現夢想的人，沒有資格抱怨不公平。

蘇格拉底曾說：世界上最快樂的事，莫過於為理想而奮鬥。每個人心中都有美好的夢想，只是在現實生活中，由於種種原因，美好的夢想都一一凋零了，能實現夢想的人很少。

其實，人不管身處何時何地，用自信和努力澆灌心中的夢想，夢想之樹便會永遠青翠。別「枯萎」了心中的夢，每天靠近它一點點，總有一天你會到達夢的遠方！

第四章 意志力只是一個神話，賜予你力量的是「激情」的驅動

像堅持「初戀」一樣堅持「激情」

「三月不減肥，四月徒傷悲，姐妹們，從今天開始我一定要減肥，我的櫃子裡還有好多漂亮裙子呢，再不減肥都要穿不下去了，你們可一定要監督我啊！」

「哎呀，我也要減肥，從今天起，咱們去操場跑步吧？堅持一個月，我就不信咱們減不下來！」

「好啊，搭伴減肥相互促進，咱們要將減肥進行到底！」

當天晚上，這幾個姐妹興沖沖地直奔操場，每人跑了三圈，大家都興高采烈，好像已經看到了夏天自己裙角飛揚的樣子。

第二天晚上，領頭的女孩說：「走，跑步去！」只有一個女孩回應了，她們每人跑了兩圈，回來的路上，兩人已經沒有了昨天的興致。

第三天晚上，她們都在宿舍裡休息，有人問：「還跑步嗎？」

幾個女孩相視一下，幾乎異口同聲地說：「過幾天再跑吧，好累啊，前天跑得腿到現在還酸疼呢！」

第四天晚上，第五天晚上……她們再也沒有人提起跑步的事情。

夏天到了，她們紛紛抱怨起來：「唉，這麼胖，裙子都穿不進去了，真是的，說要減肥也沒減下來。」

生活中，有許多只有「三分鐘熱情」的普通人，他們做事只停留於一時的熱情，而缺乏耐性，不能持之以恆。比如，聽完某個成功人物事蹟的報告會後，有的人就會被深深觸動，開始進行深刻的自我反思，決心向先進人物看齊，為此還洋洋灑灑地寫下長篇的感悟和決心，可是「高標準」還沒持續幾天，就又產生惰性，陷入原來的懶惰狀態，結果，成功人物還是成功人物，他也還是原來的他。

其實，人和人的區別就在於，當人人都能感受到的最初的「激情」過去後，你還能不能在平靜甚至單調的日子裡持續下去，把興趣培養成專長。

巴拉昂曾是一位媒體大亨，以推銷裝飾肖像畫起家，他從貧窮到富人的蛻變，只用了短短的十年時間，十年之後，他就迅速躋身於法國「五十大富翁」之列，不過他因前列腺癌於一九九八年在法國博比尼醫院去世。臨終前，他留下遺囑，把四點六億法郎的股份捐獻給博比尼醫院，用於前列腺癌的研究；另有一百萬法郎作為獎金，獎勵給揭開「貧窮之謎」的人。

其遺囑刊出之後，媒體收到大量的信件，有的人罵巴拉昂瘋了，有的人說是媒體為提升發行量在「炒作」，但是多數人還是寄來了自己的答案。

在這些答案中，很多人認為，窮人最缺少的是金錢，這個答案占了絕大多數，有了錢就不再是窮人了，這似乎是不需要動腦筋就能想出來的答案。另外一部分人認為，窮人最缺少的是幫助和關愛，人人都喜歡關注富人、明星，對窮人總是冷嘲熱諷、不重視。還有一部分人認為，窮人最缺少的是技能。現在能迅速致富的都是有一技之長的人，有些人之所以成為窮人，就是因為他們學無所長。

此外，還有的人認為，窮人最缺少的是機會。某些人之所以窮，就是因為時機不對，股票瘋漲前沒有買進，股票暴跌後沒有拋出，總之，窮人都「窮」在沒有好運氣上。

那麼，正確答案是什麼呢？

在巴拉昂逝世周年紀念日，他生前的律師和代理人按照巴拉昂生前的交代，在公證人員的監督下打開了那只保險箱，在四萬八千五百六十一封來信中，有一位名叫蒂勒的小女孩猜對了巴拉昂的答案。

蒂勒和巴拉昂都認為窮人最缺少的是野心，即成為富人的野心。

在頒獎之日，媒體帶著所有人的好奇，問年僅九歲的蒂勒，她為什麼能想到答案是野心。蒂勒說：「每次我姐姐把她十一歲的男朋友帶回家時，總是警告我說不要有野心！不要有野心！我想，也許野心可以讓人得到自己想得到的東西。」

巴拉昂的謎底和蒂勒的問答見報後，引起不小的震動，這種震動甚至超出法國，影響到了英國和美國。即使是一些好萊塢的新貴和其他行業幾位年輕的富翁在就此話題接受電臺的採訪時，都毫不掩飾地承認：**野心是永恆的「特效藥」**，**是所有奇蹟的萌發點**；某些人之所以貧窮，大多是因為他們有一種無可救藥的弱點，即缺乏野心、沒有「激情」。

「激情」能創造出財富，也能創造出奇蹟，可以說「激情」是「奇蹟之母」。美國成功學大師**卡內基稱「激情」為「內心的神」**，他認為「一個人成功的因素很多，而首要的因素就是「激情」。沒有「激情」，無論你有什麼能力，都發揮不出來」。大凡能創造出奇蹟的人，他們並沒有什麼特異功能，靠的只是一股激情。

「激情」是一種力量，它可以融化一切，正如西點軍校將軍大衛・格立森所說：「要想獲得這個世界上的最大獎賞，你必須擁有過去最偉大的開拓者所擁有的將夢想轉化為全部有價值的獻身熱情，以此來發展和展示自己的才能。」而我們現在要做的就是正視「激情」、重視「激情」，用充滿「激情」的心擁抱未來。

越有「激情」的人也越容易保持青春的狀態，「激情」讓人年輕。人的青春就如同人的大腦，勤思考、勤動腦，頭腦才會轉得越快。而保持「激情」狀態，就會讓人的心靈年輕起來。

所謂「激情」，就是要有一種面對困難敢於克服、面對機遇敢於挑戰、面對艱險敢於探索、面對落後敢於奮起、面對競爭敢於爭先的勇氣。「激情」不是一個空洞的名詞，它是一種力量，是一種精神支柱。

馬雲有一句話是：「只有你想不到的，沒有馬雲做不到的。」從這句話中，我們可以體會到他無與倫比的「激情」，「激情」對於成功者來說是相當重要的，一個人如果沒有「激情」，就會覺得什麼事都不想做，也什麼事都做不好，導致越來越消極、越來越頹廢，最終只能是碌碌無為、一事無成、走向失敗。對於一個年輕人來說，如果沒有「激情」那是非常危險的事。

美國《今日心理學》雜誌曾報導，一般人可能認為，成功只需要一個聰明的腦袋，但事實上，對於大多數成功者來說，聰明並不是「第一位」的，更重要的是「激情」。

的確，「激情」常常激發人意想不到的創意。因為擁有「激情」，人的大腦便會保持長時間的興奮，使思想隨意碰撞、交織、融會，創意便常常在其中誕生；並且，人擁有「激情」，便習慣從任何事物中發掘其本質，激發自己的靈感。「激情」還使人敢於謀事，善於做事，讓創意踐於實際，以務實的作為映襯空談的懦弱。

馬雲無疑是一個很有「激情」的人，見過馬雲或者在電視上看到過馬雲的人，都會被他那種好像全身都充滿著的「激情」所感染。事實上，馬雲也正是因為「激情」才獲得極大的成功。

一九九九年，當「阿里巴巴」還並不被大多數人知道並接受的時候，馬雲就對同伴宣稱：「我們要做一家八十年的公司，要進入全球網站的前十名。」

就在這時，曾在瑞典Wallenberg家族主要投資公司Investor AB任副總裁的蔡崇信，到「阿里巴巴」來探討投資。幾次接觸下來，蔡崇信被馬雲的思維和「激情」給「捕獲」了。他當即決定要放棄七十五萬美元的年薪，加盟「阿里巴巴」，領取每月五百元的薪水。馬雲的「激情」，不僅使自己突破重重困境，而且也感染並吸引著和他接觸過的每一個人。

後來，馬雲更是「激情四溢」地宣稱：「我們要做一家一百零二年的公司，要進入全球網站的前三名。」所有這些「瘋狂」的想法，都是「激情」使然。

正是看中了馬雲的這一點，當時「軟銀集團」董事長孫正義在選擇投資對象時，只用了短短六分鐘時間，便毅然決然地選擇和「阿里巴巴」合作，融資兩千萬元。

孫正義的「軟銀公司」，每年要接受七百家公司的投資申請，但是大約只有百分之十，也就是只有七十家左右的公司才能夠如願以償得到投資，而且其中只有一家公司孫正義會親自去談判。而「阿里巴巴」卻讓孫正義在短短的六分鐘之內就做出了投資的決定，他說正是馬雲的這種創業「激情」和領導氣質吸引了他。孫正義見到馬雲時說：「馬雲，保持你獨特的氣質，這是我為你投資的最重要原因。」

「激情」讓人相信任何事情都有解決的辦法，關鍵在於你的對策是否切實、有效、具有針對性。「激情」促使人們想方設法找到問題的癥結，尋求對症下藥的「良方」，讓困難在自己面前低頭。面對同樣的問題，「激情」的勇者，想的是如何設法化解、戰勝困難；而懦弱者，想的則是如何「一停二看三逃避」。一樣的難題，一樣的挑戰，卻有不同的態度，不僅表現出不同的思想境界，而且必然帶來不同的發展局面和後果。

美國成功學大師拿破崙・希爾認為「激情」是一種意識狀態，能夠鼓舞和激勵一個人對手中的工作採取行動。

有一天晚上，他工作了一整夜，因為太專注，使得那一夜彷彿只是一個小時，一眨眼就過去了。他又繼續工作了一天一夜，除了其間停下來吃點清淡食物外，未曾停下來休息。如果不是對工作充滿「激情」，他不可能連續工作一天兩夜而絲毫不覺得疲倦。因此，「激情」並不是一個空洞的名詞，它是一種重要的力量。

每次希爾在評價一個人的時候，除了考慮它的能力、才幹之外，還非常看重他的「激情」，因為人如果有了「激情」，就會有無限的潛力。要是你沒有能力，卻有「激情」，你還是可以使有才能的人聚集到你身邊來。假如你沒有資金或設備，若你有「激情」說服別人，還是有人會回應你的夢想的。「激情」很多時候就是成功和成就的源泉，你的意志力、追求成功的「激情」愈強烈，成功的機率就愈大。

如果我們留意自己身邊，可以發現，有些人，他們的專業知識並不過硬，人也不是很聰明，但往往取得了令人咋舌的成就。這樣的事實證明，有些人之所以可以獲得成功，往往歸結於他追求理想的「激情」。「激情」能夠讓人嘗試平常人從未想過、自己也沒有一點把握的事情，但內心的「激情」湧動，禁不住嘗試前所未有的事情，人的潛能繼而被激發出來。

所以，用「激情」來武裝自己吧，「激情」就是最好的化妝品，沒有「激情」，再昂貴的化妝品也難掩飾一個人內心的老態，再漂亮的彩妝也會因為一個人的舉手投足間的死氣沉沉而顯得蒼白無神。擁有「激情」，是一切美好的開始。

我們不妨問問自己，想要年輕嗎？想要成功嗎？如果答案是肯定的，那麼你就要先保持一顆火熱的心！

不滿足現狀，才能有更大的發展空間

有這樣一個故事。

徒弟去見師傅，說：「師傅！我已經學成了，可以出師了吧？」

「什麼是學成了呢？」師傅問。

徒弟答：「就是滿了，裝不進去了。」

師傅笑曰：「那麼裝一大碗石子來吧！」

徒弟照做了。

「滿了嗎？」師傅問。

「滿了。」

師傅抓來一把沙子，放入碗裡，沒有溢出來。

「滿了嗎？」師傅又問。

「滿了。」

師傅又抓起一把石灰，放入碗裡，還是沒有溢出來。

「滿了嗎？」師傅再問。

「滿了。」

師傅又倒了一杯水進去，仍然沒有溢出來。

「滿了嗎？」

「……」

這就是人生的哲學，何為「滿」？何時「滿」？這是一個值得人們思考的問題。

成功者和普通人的差別在於，普通人只看到面前的一片天空，而不知道遠方還有更高、更遠的天地值得他們去開拓。魯迅說過：「不滿足是向上的車輪。」這「車輪」必能把你帶到更美好的世界，引領你到更開闊的天地。

不滿足於現狀，不滿足於瑣碎，才會對這個世界有所希冀，才會對自己的生活有所追求……才會對身邊的一切有所要求，才有因不甘於重複而萌生要改變的心，才能牽動我們的每一寸神經、每一塊肌肉，才能使我們熱血沸騰、熱火朝天地大幹起來。

不滿足于現有的，不滿足於已掌握的，才有科技的不斷進步，才有人類文明的不斷發展……才有理想的不斷實現，才致使許多夢想不至於陷入空談，才致使許多新事物的出現。

「盛大網路」創始人陳天橋曾說過這麼一段話：「當每天收入達到一百萬元的時候，我覺得它是誘惑，它可以讓你安逸下來，讓你停下來享受，讓你能夠成為一個『土皇帝』。當時我們只有三十歲左右，急需要有一個人在我們的身邊鞭策自己。就像唐僧去西天取經一樣，到了女兒國，有美女、有財富，你是停下來還是繼續前行？我們希望有人不斷地在我們身邊督促說：你應該繼續往你『取經』的地方去，這才是你的理想。」

作為一個創業者，常常會面對諸多的誘惑和諸多的困難，如何才能克服一切干擾，而持續追逐自己的最初夢想呢？這個時候，就要求創業者要仔細分析和掂量一下堅持夢想的諸般好處。

小小成就雖然也是一種成就，也是自己安身立命的資本，但社會的變化太快，「長江後浪推前浪」，如果你在原地踏步，社會的潮流就會把你拋在後面，「後來之輩」也會從後面追趕上你。相比起來，你的「小小成就」在一段時間後可能根本就不算是成就，甚至還有被淘汰的可能。

如果創業者不滿足於目前的小小成績，他就會充實自己、提升自己，將自己的事業做強做大，為社會做出貢獻，進而實現自己的人生價值。一個不滿足於目前成就的人，就會積極向高峰攀登，就能使自己的潛力得到充分的發揮。比如，原本只能挑一百斤重擔的人，因為不斷地練習，進而突破極限，能挑起百二十斤甚至一百五十斤的重擔。

對於那些永不停息地追求自己夢想的人來說，他們總覺得自己身上還存在某些不完美的因素，因而總是渴望著進一步地改善和提高，他們身上洋溢著旺盛的生命力，從不墨守成規，這使得他們總認為任何東西都有改進的餘地。這些人不會陶醉在既有的成就裡，他們會想方設法達到更美好、更充實、更理想的境界，正是在這一次次的進步當中，他們不斷完善著自我，也完善著人生。

遠大的理想就像《聖經》中的「摩西」一樣，帶領著人類走出蠻荒的沙漠而進入充滿希望、生機勃勃的大陸，進入太平盛世。那些滿足於現有的生活和被困難嚇倒的人，往往會停止前進，他們最終將無法到達自己夢想的「大陸」。

無論是一個社會，還是一個集體或一個組織，我們都不能指望那些滿足於取得一時成就的人會有什麼大作為，即使在他們的身體裡還有許多潛能可以挖掘，但這些最終也只會以各種各樣的方式白白浪費、耗損。面對一點點的「小成就」，他們就安之若素，永遠只能被眼前的「小成就」蒙蔽了眼睛，看不到「山外有山，人外有人」，也不知道人生還有更多偉大的目標等著他們去實現。

無論是對於一個企業還是一個人來說，安於現狀，最終的結果就是逐漸荒廢和消亡。只有那些不滿足於現狀，渴望著點點滴滴的進步，時刻希望攀登上更高層次的人生境界，並願意為此挖掘自身全部潛能的人，才有希望達到成功的巔峰。

恭喜你，沒有浪費太多的時間

一個男孩找到了工作。可是，在試用一個星期之後，他向主管提出辭職。那位女主管在這個行業中資歷相當深，她每天做著重複的工作卻樂此不疲，這讓他很不解。

「起初，我以為我是很有興趣的。工作了一個星期之後，我才發現我對這個工作一點興趣都沒有。」這個男孩說得理直氣壯。

「我該恭喜你。到少你才做了八天，就發現你對這份工作不感興趣。」她感觸萬千地看著他，雖然有點失望，但沒有責怪對方。

幾天前，他來應聘的時候，與致勃勃地表現出他對這個行業的熱愛。他那份「不入此行，終身遺憾」的豪情壯志讓她格外看好。

她想，他缺乏經驗沒有關係，熱忱才是年輕人最大的資本。基於這個理由，她很快說服自己，也說服了高層主管。沒想到，「三分鐘熱度」的遺憾竟發生在他的身上。是應該怪自己看走了眼，還是要怪這年輕人太莽撞？

「說真的，我很想知道，你在這種工作上熬了多久？」臨走前他不解地問。

「八年，」她斬釘截鐵地說，「我做這個工作，做了八年，而且越做越覺得它有趣，因為我覺得除了它，別的我什麼也做不好，它就是我最擅長的工作。」

「八年？我做了不到八天就覺得無聊死了。」他坦白地承認。

「我不清楚你的狀況，不知道你是判斷錯誤入錯了行，還是碰到一些困難而退縮？不過，如果你真的覺得這個工作不適合你，我真心恭喜你，你沒有在這裡浪費太多時間。有些人，做了半輩子，結果一事無成，才發現原來自己從來沒有喜歡過這份工作。就像有些人，結婚幾十年，才發現自己從來沒有真正愛過對方。這種感覺是很可怕的。」

一個能夠及早發現自己興趣的人，並且將興趣培養成為專長的人，他一定是站在「成功行列」中的人。

比爾・蓋茨曾經說：「做自己最擅長的事。」一個能夠及早發現自己興趣的人，並且將興趣培養成為專長，這個人一定是站在「成功隊伍」的人。

傑克遜生於一個物理世家，父母都是物理界的知名學者。他的父母希望他將來也成為物理學界的泰斗，於是夫婦倆從小便向傑克遜灌輸各種物理知識，但不知是什麼原因，小傑克遜無論如何對物理也提不起興趣，卻對經商情有獨鍾。他在夜裡偷偷地學習有關商業及商業管理方面的知識，幾乎到了如饑似渴的地步。

但他無法違背固執的父母的意願，成年後，他不得不到父親所在的學校教物理，但他知道，物理絕不是他的特長，他相信，他的經商才能與商業知識，足以使他在商界成名。

終於，父母放棄了對他的要求，卻不提供任何幫助。若干年後，積累了豐富商業知識的傑克遜終於在商場上有了自己的一席之地，成為英國首屈一指的房地產大亨。

大多數人只會羨慕別人，或者模仿別人做事，很少有人去認清自己的專長，瞭解自己的能力，為自己設立一個切實可行的目標，朝著這個目標全力以赴，從而導致他們一次又一次地與「機遇女神」擦肩而過，與「成功女神」永遠只差一步。

據調查，有廿八%的人正是因為找到了自己最擅長的職業，才徹底掌握了自己的命運，並把自己的優勢發揮到淋漓盡致的程度。這些人自然都跨過了「弱者」的門檻，而邁進了「成功者」之列。相反，那七十二%的人正是因為不知道自己的「對口職業」，而總是彆彆扭扭地做著自己不擅長的事，因此，不能脫穎而出，更談不上成大事了。

一位哲人曾說過：「一個人所成就的事業，必然是這個人的特長，捨長取短是天下最愚蠢的人才幹的事。」因此，可以說，每一個人、每一個企業都有自己的優勢、自己的擅長，只有善加利用、發揮，才能不斷發展、壯大，才能成功，才能打造成一個「品牌」。

一個人的一生能夠得到多少「成就」，主要來自於他對自己擅長的工作的專注和投入。對此，有一位著名的經濟學教授曾經引用三個經濟原則作了貼切的比喻。他指出，正如一個國家選擇經濟發展策略一樣，每個人都應該選擇自己最擅長的工作，做自己專長的事，才會勝任，才能成功。

換句話說，當你在與別人相比時，不必羨慕別人，你自己也有自己最擅長的工作，你自己的專長對你才是最有利的，這就是經濟學強調的「**比較利益**」。這是第一原則。

第二個是「**機會成本**」原則。一旦自己做了選擇之後，就得放棄其他選擇，兩者之間的取捨就反映出這一工作的機會成本，因此你必須全力以赴地做好自己的工作。有一位知名作家，他曾兼顧兩種興趣：寫作和實驗。後來，他看到朋友們一個個都有了自己的成就，而自己在兩個興趣之間忙碌，卻一事無成。於是，他決定放棄其中一個。他放棄了做實驗，最終，他成為知名的作家。

第三個是「**效率原則**」。工作的成果不在於你工作的時間有多長，而在於成效有多少，附加值有多高。如此，自己的努力才不會白費，才能得到適當的報償與鼓舞。

境遇是自己開創的，成功是自己造就的。你不要看輕自己，你要相信自己的能力是獨一無二的，儘量做自己擅長的事，你也許正在完成一件了不起的事，有朝一日，你或許真的可以變得「不平凡」，從而成為人們羨慕的成功者。

一次只打開一個「抽屜」

在一般條件下，太陽光的溫度再高，也不可能將地球表面上的物體點燃起來。然而，如果用一面放大鏡卻可以做到這一點。通過調整放大鏡與紙張之間的距離，把所有的光線聚焦到一個點上，經過一段時間的照射，紙就會燃燒起來。從理論上講，只要放大鏡足夠大，它就可以點燃或熔化任何東西。

其實，放大鏡這一聚焦的特性早已被各行各業的知名人士所應用。

德國著名哲學家黑格爾認為：「一個大有成就的人，他必須如歌德所說，知道限制自己；反之，那些什麼事情都想做的人，其實什麼事都不能做，而最終歸於失敗。」

「專注」是一種非常重要的心態，你只要把心中的一切雜念清除得乾乾淨淨，對準你的目標前進，它就會成為你走向成功的起點。

但生活中，我們的心總是被不同的事情分割了，這件事情佔據一塊，那件事情佔據一塊，原本一體的心等於被「五馬分屍」了，這樣，我們怎麼能夠安心、靜心呢？

史書上記載，拿破崙在全盛時期幾乎統治了半個地球，但戰敗後卻被囚禁於一座小島上。當煩悶痛苦之情難以排遣時，他說：「我可以戰勝無數的敵人，卻無法戰勝自己的心。」可見，再偉大的人，再英明的人，「心」不定，一切都如浮雲。

佛家講求「修心定性」，通俗地說，就是要隨時讓自己的心歸置在一處，安靜體察，自得安寧。

據說，印度曾有位國王一心想瞭解「心」的力量究竟有多大，於是他派人從牢獄中找來了即將被問斬的囚犯，並對這個囚犯說：「你就要被問斬了，不過我可以給你一次重生的機會。現在你手捧一碗油，把它放在你的頭頂上，在城內的大街小巷繞一圈。如果你能不灑落一滴油的話，我就赦免你。」

本來處在絕望中的囚徒，聽到國王的話後，突然間好像看到了生的曙光，歡喜不已。於是，他小心翼翼地頂著一碗油，走街串巷。國王為了考驗他是否專心，在街道各處準備了各種奇玩雜耍，再伴著美女的載歌載舞，想要分散他的注意力。結果這個囚徒專心致志，兩耳不聞所聽之事，兩眼不視所見之物。因此，他頭頂上碗裡的油一滴都沒有灑出來，從而獲得了平安。

回來後，國王問他：「你在街上行走時，有沒有聽見什麼聲音？看見什麼動靜？」

「沒有啊！」

「你難道沒有聽見悅耳的音樂，看見動人的美女嗎？」

「我確實什麼也沒聽見，什麼也沒看見。」

這位囚徒專心於頭頂上那碗油，根本無暇顧及周圍的一切，也因為這樣他以自己的「專心」換取了自己的生命與自由。

那些懂得生活、懂得秩序的人，都是懂得將「心」歸置一處的智者。他們都明白置心於一處，是聚集「能量」的良方。

成功來自於你對真正熱愛及擅長事業的「專注」，而非來自對每一次偶然事情的挑戰。

有一個商人需要招一個小夥計，他在商店的窗戶上貼了一張獨特的廣告，其內容如下：

「一個能自我克制的男士。每星期四十美元，合適者可以拿六十美元。」

「自我克制」這個術語引起了眾多求職者的思考。

每個前來應聘的人都要經過一個「特別」的考試。卡特也來應聘了，他忐忑不安地等待著，終於，該他出場了。

「你能閱讀嗎？」

「是的，先生。」

「你能讀讀這段文章嗎？」商人把一張報紙放在卡特的面前。

「好的，先生。」

「你能不停頓地朗讀它嗎？」

「可以的，先生。」

「那很好，跟我來一下。」商人把他帶到他的私人辦公室裡，然後關上了門。他把這張報紙遞到卡特的手上，上面有卡特答應不停頓地讀完的那段文字。

當閱讀剛開始的時候，商人就放出了六隻可愛的小狗，小狗跑到卡特的腳邊。之前，許多應聘者都因經受不住小狗的干擾，視線離開了報紙而去看牠們，結果被淘汰。但是，卡特沒有忘記自己正在幹什麼，在排在他前面的七十個人失敗之後，他不受干擾地讀完了那段文字。

商人很高興，他問卡特：「你在閱讀的時候沒有注意到你腳邊的小狗嗎？」

卡特答道：「注意到了，先生。」

「我想你應該知道牠們的存在，是嗎？」

「是的，先生。」

「那麼，為什麼你不去看看牠們呢？」

「因為你告訴過我要不停頓地讀完這段文章。」

「你總是遵守你的諾言，對嗎？」

「的確是，我總是努力地去做，先生。」

商人高興地說：「太好了，你就是我想要找的人。」

一個人的精力是有限的，如果把精力分散在好幾件事情上，那不是一個明智的選擇，而是不切實際的做法。如果人們能集中精力「專注」於一項工作，相信每個人都能把這項工作做得很好。

當你要專注地集中你的思想時，就應該把你的眼光望向一年、五年、七年，甚至十年後，幻想你自己是這個時代最有力量的商人；假設你擁有了很多的錢；假想你利用你掙的錢購買了自己的房子；幻想你在銀行裡有一筆數目可觀的存款，準備將來退休後養老之用；想像你自己是一位極有影響的商界人物……唯有專注於這些想像，才有可能付出努力，讓自己夢想成真。

「專注」於你的目標，全身心地投入並積極地希望它成功，這樣你就不會感到筋疲力盡。不要讓你的注意力轉移到別的事情、別的需要或別的想法上去，「專注」於你已經決定去做的那件最重要的事，放棄其他所有不那麼重要的事情。

你可以把你要做的事想像成一個個小抽屜。你的工作只是一次拉開一個抽屜，然後令人滿意地完成抽屜內的工作，再將這個抽屜推回去。不要總想著其他的抽屜，而要將精力集中於你現在打開的這個抽屜。瞭解你在每次任務中所需擔負的責任，瞭解你的極限。選擇最重要的事，然後「專注」地去做，才有可能取得成功。

你和我一樣有才，但我比你多了份工作的熱情

拿破崙．希爾曾說：「如果要獲得成功，那麼就需要對一個領域足夠瞭解、熱愛並保持熱情，如果想要創新，就要站在巨人肩膀上。」

的確，「熱情」是一種狀態，是一個人獲得成功的原動力，是一個人成就事業的源泉。無論是做人還是做事，「熱情」都是不可或缺的條件，「熱情」就像發動機一樣能使電燈發光、機器運轉，能激勵人去喚醒沉睡的潛能、才幹和活力。

「熱情」使莎士比亞拿起了筆，在樹葉上記下他燃燒著的思想；「熱情」

使哥倫布克服了艱難險阻，享受了巴哈馬群島清新的晨曦；熱情使伽利略舉起望遠鏡，讓整個世界為之震驚。因為「熱情」，人們在不斷地革新和創造著這個世界。可以說，「熱情」是這個世界上最大的財富。沒有它，世界上任何一件偉大的事都無法完成。

其實，我們每個人都會擁有「熱情」，所不同的是，有的人的「熱情」能夠維持三十分鐘，有的人能夠保持三十天，但是一個成功的人卻能夠讓「熱情」持續三十年甚至一生。

不少人在工作了一段時間之後，突然發現自己成了一個「機器人」，每天重複著單調的動作，處理著枯燥的事務。每天想的不是怎樣提高工作效率，提升自己的業績，而是盼望著能早點下班，期望著上司不要把困難的工作分配給自己。

這樣的人，沒有什麼人生目標，只是想得過且過，他們不斷地抱怨環境、抱怨同事、抱怨工作，在工作中不思進取，在生活中不求上進，最後陷入了職業的困境中。

要想擺脫這種職業困境，唯一的辦法就是喚起自己的工作「熱情」，帶著熱忱和信心去工作，全力以赴，不找任何藉口。因為，「熱情」是一種素質，是一種性格。偉大的「熱情」能戰勝一切，因此，一個人只要強烈地、堅持不懈地追求，就能達到目的。一個人，當他有無限「熱情」時，就可以成就任何事情。

「熱情」是一種強勁的激動情緒，一種對人、事、物和信仰的強烈情感。一個充滿工作「熱情」的人，會保持高度的自覺，把全身的每一個細胞都調動起來，驅使他完成內心渴望達成的目標。

「熱情」無疑是我們最重要的秉性和財富之一。不管你是否意識到，其實每個人都具有火熱的激情，它是一個人生存和發展的根本，是人自身潛在的財富，只是這種「熱情」深埋在人們的心靈深處，等待著被開發利用。

聰明的女人懂得，長久的工作「熱情」源於自身的不懈努力。全心全意做好自己的本職工作，工作出色了，有了業績，自然會產生成就感，也就有了工作的動力；工作做好了，還會贏得別人的尊重，也能讓自己的事業「更上一層樓」。

一八八三年八月十九日，在法國盧瓦爾河畔的索米爾小鎮，香奈兒出生了。她的全名是加布理埃勒•香奈兒。

在香奈兒十二歲時，她的母親去世了，香奈兒在孤兒院度過了少年的黯淡時光。十七歲，她來到另一個小鎮，進入了修道院。

在法國，婦女的地位是低下的，一個女孩要想在社會上生存，是非常艱難的。孤兒院的生活使她明白，高超的針織手藝對於女性而言非常重要，她可以通過做針線活來養活自己，於是，十八歲那年，她就到一家商店做助理縫紉師。

香奈兒的卑微出身和早年生活給她的服裝理念打上了深刻的烙印。周圍的成年婦女穿的工作服使她相信，婦女需要的不是繁瑣的裝扮，而是適合她們日益活躍生活方式的寬鬆、舒適的衣衫。香奈兒認為：「女人為造成她們舉止不便的服飾所束縛，從而被迫依賴於僕人和男人。」孤兒院窮苦的生活滲入到她的設計風格中：樸素端莊、簡明大方。

她開始設計黑帽，白色短衫，領口繫雅致的黑領結，簡單素潔的短上衣。

同時，在她工作的小鎮，有許多駐兵，尤其是那些朝氣蓬勃的騎兵制服給她留下了深刻的印象，這無疑也成為此後幾十年裡著名的鑲邊服裝的靈感來源。

二十多歲時，香奈兒遇到了富有的騎士卡佩爾，一九〇八年，在卡佩爾的資助下，香奈兒開了第一家帽子店，她的帽子寬大實用，受到許多婦女的歡迎。

一九一二年，趁熱打鐵的香奈兒又在法國上流社會的度假勝地——諾曼第海邊小城開了自己的第一家服裝店，很快，她極富個性的運動衫、開領襯衫、短裙、男式雨衣受到了時髦女郎的注意。

不僅如此，為了擴大宣傳，香奈兒讓自己的姐姐穿上自己設計的新式服裝，到城裡最繁華的地方吸引婦女們的注意——這差不多是最早的一種廣告形式了。香奈兒的事業越來越成功了。

一九一八年，香奈兒的親密愛人卡佩爾因車禍遇難，但香奈兒依然堅強地發展自己的事業。一九二四年，她推出了著名的黑色小禮服，掀起了世界服飾的革命。

她強調的是服裝的舒適性、方便性和實用性。在第一次世界大戰期間，男人上戰場，女人負起養家的責任，職業婦女漸漸興起，因此需要較實用、實際的服裝。香奈兒的服裝正好符合這一趨勢，她的事業也蓬勃發展起來。

第一次世界大戰後，她認為手工訂做服裝不適合大眾需要，雖然手頭上有當時保持約兩百位有名女人的訂單（包括伊莉莎白・泰勒、英格麗・褒曼），她還是決定投入「成衣」這個市場，這讓香奈兒企業成為世界數一數二的服飾大企業。

香奈兒並沒有滿足於自己已經取得的成績，自一九二〇年起，香奈兒開始提倡打造女人的「整體形象」，這當然是從頭到腳，還包含配件、化妝品、香水。對她來說，一個女人不該只有玫瑰和鈴蘭的味道，香水會增添女性無窮的魅力。於是，她推出了「香奈兒五號香水」，這是第一支由服裝設計大師推出的世紀經典香水。

當著名的好萊塢影星瑪麗蓮・夢露用性感而充滿磁性的聲音對全世界說「夜裡，我只『穿』香奈兒五號」時，全世界都為之瘋狂了。

很多時候，你只需換一個角度去思考，就會對自己的工作充滿興趣。而發現工作的樂趣，正是保持工作激情的不二法門。因為，我們往往是在「爬坡」的時候感到幹勁十足，充滿激情；而當爬到山頂的時候，反而覺得迷茫。所以，當你的工作達到一定階段的時候，就要給自己樹立新的目標，有了方向、有了動力，自然就能保持高漲的工作「熱情」。

可以說，保持快樂的心情是具備工作「熱情」的前提，心情愉快，做什麼事情都有精力和「熱情」，把工作當成一種享受，就能保持工作的「熱情」。有人說，當你埋頭於日常工作的時候，恰恰是你在「書寫歷史」的時候，因為，保持「熱情」的關鍵就在於你是否有決心每天都「更新歷史」，而不只是簡單地重複。

工作「熱情」並不是身外之物，也不是「看不見」、「摸不著」的東西，它是一個人生存和發展的根本，是人自身潛在的財富。具體說來，工作「熱情」是一種洋溢的情緒，是一種積極向上的態度，是對工作的熱衷、執著和喜愛。它是一種力量，使人有能力解決最困難的問題；是一種推動力，推動著人們不斷前進。它具有一種帶動力，能影響和帶動周圍更多的人熱切地投身於工作之中。

所以，失去工作「熱情」的人一定要迅速清醒地認識到「培養較高的工作熱情」的重要性和必要性，早日摒棄「浮躁、不求上進、茫然」的缺點，樹立「積極、正確、樂觀」的工作心態，爭取在事業上有較好、較快的發展，因為這是聰明女人的「必備法門」。

第五章 如果你的「資源」貧乏，請學會用「人緣」加分

你需要對方的幫助，這與你的尊嚴無關

自古以來，大凡成功者都懂得放低姿態。

周文王棄王車陪姜太公釣魚，滅商建周成為一代君王；劉備「三顧茅廬」拜得諸葛亮為軍師，促成「三國鼎立」。這些都是我們耳熟能詳的故事，如果沒有周文王及劉備的「低姿態」，哪能求得赫赫成績，從而流芳百世。

有一位博士在找工作時，被許多家公司拒之門外，萬般無奈之下，博士決定換一種方法試試。他收起所有的學位證明，以一種最低的身分再去求職。不久，他被一家電腦公司錄用，做一名最基層的程式入員。沒過多久，上司就發現他才華出眾，竟然能指出程式中的錯誤，這絕非一般錄入員所能比的。

這時，博士亮出了自己的學士證書，老闆於是給他調換了一個與本科畢業生「對口」的工作。過了一段時間，老闆發現他在新的崗位上也遊刃有餘，能提出不少有價值的建議，這比一般大學生要高明。這時他亮出自己的碩士身分，老闆又提升了他。

有了前兩次的事情，老闆也比較注意觀察他，發現他還是比一般的碩士有水準，就再次找他談話。這時他才拿出博士學位證明，並說明了自己這樣做的原因，老闆恍然大悟，毫不猶豫地重用了他。

在社會上對人「低頭」，有時是你的生活方式和工作方式中的一種，它與你的道德和氣節毫無關係。當你遇到一個很低的門的時候，你昂首挺胸地過去，肯定要把腦袋碰出一個包來，明智的做法只能是彎一下腰、低一下頭，讓很低的門顯得比你高就可以了。

你需要找工作，需要調動工作，需要開拓更廣泛的人際關係。在這所有的活動之中，你可能都處於一種「求人」的地位，處於一種必須表現「低姿態」的格局之中。

在這種情況下，你必須首先學會「**低姿態**」。也許你在放低姿態後就總想著別人可能會很傲慢地對待你，會輕視你，會對你視而不見，甚至會侮辱你，把你趕出門去……這樣你就退縮了，就喪失了勇氣。正因為如此，你可能就打出了「萬事不求人」的招牌，寧可忍受不辦事的後果，忍受不辦事的麻煩，把事情擱置起來，也不去求助於人。這說明你是脆弱的；你怎樣看待你自己是一回事，別人怎樣看待你是另一回事。你應該把別人怎樣看待你和你自身的價值區分開。

當你求助於人的時候，你內心的精神支柱應是你內在的尊嚴，而內在的尊嚴是完全擺脫他人對你的看法和評價而獨立存在的。內在的尊嚴是你對你自己生命價值的肯定，它和別人的看法無關。

你去求助於別人，並不說明別人比你更有價值，或者說別人比你更有尊嚴。它只說明：在你要辦的這件事上，別人由於種種原因比你有更多的「主動權」。因為「主動權」操之於人，所以你要表現「低姿態」，你表現「低姿態」只是向對方說明在這件事情上，你的實力不如對方，你需要對方的幫助，並不表示你低他一等。

你有你自己的優勢，而在你實力不足的領域之中，你就需要求別人幫忙以解決自己的問題。正如你找醫生看病要付錢一樣，你找別人辦事就要付出一定的「面子」，這是你向對方顯示「低姿態」的一種具體的代價。

如果你想把事情做成，可以以一種「低姿態」出現在對方面前，表現得謙虛、平和、樸實、憨厚，甚至愚笨、畢恭畢敬，使對方感到自己受人尊重，比別人聰明，那麼在談事時他就會放鬆警惕。當事情明顯有利於你的時候，對方也會不自覺地以一種「高姿態」來對待你。

其實，你以「低姿態」出現只是一種表象，是為了讓對方從心理上感到一種滿足，使他願意合作。實際上，越是表面謙虛的人，越是非常聰明的人，越是工作認真的人。當你使對方「陶醉」在自我感覺良好的氣氛中時，你就已經受益匪淺，並已經完成了工作中很重要的那一步了。

你謙虛，對方就顯得高大；你樸實和氣，對方就願意與你相處，認為你親切、可靠；你恭敬順從，別人的指揮欲得到滿足，就會認為與你很合得來；你愚笨，他人就願意幫助你，這種心理狀態對你非常有利。相反，你若以「高姿態」出現，處處高於對方、咄咄逼人，對方心裡會感到緊張，做事就會事倍功半，而且還會讓對方產生一種逆反心理。因此，為了把事情辦成，你不妨常以「低姿態」出現在別人面前。

學會在適當的時候，保持適當的「低姿態」，絕不是儒弱的表現，而是一種智慧。放低姿態既是一種態度，也是一種作為，學習謙恭，學習禮讓，學習盤旋著上升，這既是人生的一種品味，也是一種境界。

嗨，你喜歡我嗎？

社會是很複雜的大環境，人的類型有很多，一個人應該怎麼去面對社會、結交朋友，是相當重要的事，也不是一件容易的事。

一般來說，朋友可分為兩種：一般朋友和真心朋友。具體來說則有：「點頭之交」、「玩樂之交」、「默契之交」、「道義之交」、「生死之交」……不管是哪種程度、哪種境界的朋友，都會對你有某種程度、某種境界的提高和幫助。

我們固然要選擇「益友」加強聯繫，但也要學會避開「損友」，懂得如何與「三教九流」形形色色的各種人交往。不過，一定不要在需要別人時，才去交朋友。利益一般會偕朋友同來，但交朋友的目的，絕不是單純地為了贏取個人的利益。要知道，我們可以選擇別人，別人也同樣可以選擇我們。

所以，「廣結善緣」的首要條件，並不是「我」喜歡什麼樣的朋友，而要先考慮自己是否讓人喜歡、受人歡迎。「獲友不易，反目一朝」，意即好朋友得之不易，有時卻會因一句失言、一時失態而形同陌路，甚至反目成仇。人生之路不能無友，有了朋友，更要加倍珍惜。因此，我們要時刻提醒自己：改善自我，廣結良友。

受敬仰、被尊重，這是大多數人最重視的一種感覺。所以，美國鋼鐵大王、著名作家卡內基寫了一本《如何贏得友誼和獲得信任》的書，暢銷百萬冊，道理就在其中。**在社交場上，朋友越多越好，敵人越少越妙**；因而，「你受人歡迎嗎」幾乎決定你社交關係的分數。受歡迎，朋友就多；受鄙棄，很可能會增加許多人際方面的阻力。

然而，怎樣的人才受歡迎呢？一般人以為「人緣」的好壞，決定於外在印象。事實上，第一印象的確很重要，因為儀容是否端莊、整潔能代表個人的修養，不過，如果完全以貌取人，為別人判定分數，常常會因此而發生「有眼不識泰山」或「識人不明」的情況，從而失之偏頗。

古代有一位很有名的矮丞相晏子，當他代表齊國出使楚國時，就因相貌上的缺點而遭人嘲笑。但後來他卻以機智和口才，使得楚國君臣上下對他刮目相看。漢朝的陳平則與晏子相反，是有名的「美貌丞相」，其才能同樣相當傑出，但是當時的人卻批評他「光漂亮又有什麼用」。然而，歷史證明，陳平並不只是一個「光漂亮」的人。但是，我們卻可以在這個例子裡發現：視覺上的美感，對人際關係並沒有絕對的影響。同時，這個例子也表明：外表好看，內在「可能」也不錯，但二者的關係並不是絕對的。

所以，一個人是否受人歡迎，不僅是靠外表的印象來決定的，還有其他「妙方」可使這個印象持之久遠。例如：平易近人、關心與體貼、彬彬有禮、幽默感等。大抵說來，受歡迎的人，一定肯為別人設身處地著想。比方說，每一個人在有事求人時，總希望別人即使拒絕，也不要使自己太難堪。因此，當我們不得已拒絕別人的請求時，也應該誠懇地表示歉意。

雖然說「友直、友諒、友多聞」，但是，當我們勸諫朋友時，態度應和緩，點到為止，留一點餘地給對方，不要使「建設性的建議」反而變成了傷人的批評和指責。

總之，能夠將心比心，時時檢討自己的得失，才可能得到別人的真心對待。所以，我們若是希望自己受人歡迎、得「人緣」，不可不先「照照鏡子」，分析一下自己在別人心目中的分量。

人們常說：「成功不是偶然的。」意思是說，成功中包括有志氣、決心、毅力、方法。想做一個受人歡迎的人，也不例外。一個人只有從內在到外在、從開口說話到外在的衣著「語言」，都散發出一種吸引人的魅力，才能夠把自己「推銷」出去。現代社會的最大特點是「忙碌」，自己分內的工作尚且照顧不周全，哪裡有時間、興趣去深入瞭解別人？所以，大部分人留在你印象中的只是一個粗略的輪廓，如果你不具備「特殊條件」，在別人心目中，也只能是一個「模糊的影子」而已。

就此而言，任何人要想在人際關係之中卓然出眾，就得表現自己，把自己個性中最美好的一面展現出來——汽車大王福特曾為「最受歡迎的人」下過一個定義，他說：「這種人，是能將內心中最美的東西引發出來的人。」的確，生命中有些東西是不依賴外力的，要想受人歡迎，全靠你自己。「肚子裡有貨」，不怕沒有「伯樂」識「千里馬」；風度翩翩，不怕身邊沒有環繞仰慕的朋友。

贏得好人緣的「法寶」是：要能夠明確地把握「重點」，儘量表現「原有」

的氣質，即使天生的資質不夠，也可以靠後天的培養或努力去盡力求取個人條件的完美。「外在美」，如儀容整潔、彬彬有禮、態度親切等，「內在美」，如體貼關心，富於幽默感……都可以塑造你的特殊風格，甚至能進一步把你推上成功的「寶座」。

「此路」風景獨好，「彼路」風景更勝

古羅馬有一句俗語是「條條大路通羅馬」。關於這句話，有這樣一個小典故。

羅馬城作為當時地跨「亞非歐」的羅馬帝國的經濟、政治和文化中心，頻繁的對外貿易和文化交流使得大量外國商人和朝聖者絡繹不絕。羅馬統治者為了加強對羅馬城的管理，修建了一條條大道。

它們以羅馬為中心，通向四面八方。據說，人們無論是從義大利半島的某一

個地方還是歐洲的任何一條大道開始旅行，只要不停地往前走，都能成功抵達羅馬城。而現在「條條大路通羅馬」是形容達到一個目的的方法多種多樣，我們在實現目標過程中會有多種選擇。

無論是在追求夢想的道路上，還是在日夜奔波的生活中，我們常常會遇到「此路不通」的尷尬境地，但是既然它們已經存在，我們就只能去適應環境的變化，不斷調整自己的心態。

一位母親列了一份清單，讓自己的孩子出門買各種雜糧，並在孩子臨走時給了他幾個裝米的袋子。

孩子來到糧店，依照購買清單一一過目，這才發現少了一個袋子。清單上詳細地寫了大米、小米、高粱和玉米四種糧食，而母親就給了三個袋子。孩子沒有多餘的錢買布袋，也就沒辦法買全所有的糧食，於是就只裝滿了三個袋子回家了。

歸來後，孩子一進門就抱怨母親不仔細檢查布袋，以至於讓自己還要再跑一趟，去買剛才沒買到的玉米。母親笑了笑：「你不會找老闆要一根繩，然後把裝的少的布袋從中間紮牢，那麼上面一層不就可以裝玉米了？實在沒想到這個辦法的話，你還可以再買一個布袋裝玉米啊！」

孩子反駁說沒有多餘的錢買布袋。母親又笑了笑：「傻兒子，你不會少要一斤米啊？這樣不就能買布袋了嗎？」

孩子一聽傻了眼，又羞又惱地去買玉米了。

面對問題，我們要想辦法解決它。一種辦法解決不了，我們還可以想其他辦法。最重要的是在遇到問題時不能循規蹈矩、墨守成規，一頭鑽進「死胡同」。要學會轉換思路、改變角度，那樣你會發現解決問題其實一點也不難。

我們必須意識到變化隨時隨地都有可能發生。我們不但要適應變化，適時調整解決問題的方法，還要學會預見變化，做好迎接挑戰的準備。

「此路不通彼路通，此路風景獨好，彼路風景更勝。」事實上，我們之所以會執著於「此路」而停滯不前，是因為我們的固有思維認為那是最順暢、最好走的一條路。「慣性」思維方式讓我們錯過了許多寬敞、順暢的「大路」，也錯過了許多別樣的「美麗風景」。

「觀光電梯」的發明其實很偶然，它的「創意」是在一次增設電梯的工程中閃現的。

因為人流量的加大，原本的電梯已不能滿足人們的使用需求，美國摩天大廈出現了嚴重的擁堵問題。為了儘快解決這一問題，工程師建議大廈儘快停業整修，直到將新的電梯修好為止。

這個建議很快得到了上層領導的認可並被付諸行動。當電梯工程師和大廈建築師們做好了一切準備工作，開始要穿鑿樓層時，一位大廈裡的清潔工在詢問情況時激發了工程師們的「創意」。

「你們得把各層的地板都鑿開嗎？」清潔工問道。

工程師向她解釋，如果不鑿開，那就沒法裝入新的電梯。

「那大廈豈不是要停業很久？」清潔工又問道。

工程師無奈地點頭：「每天的擁堵情況你也看到了，我們沒有別的辦法，也不能再耽誤了，否則情況會更糟。」

清潔工不經意地隨口說道：「要是我，我就把電梯裝到外面去。」

這個看似不經意的建議，其實蘊含了無限大的智慧。也許身為清潔工的當事人並沒有察覺到她的一句「玩笑話」會成為工程師們的「創意」亮點。於是，世界上第一座「觀光電梯」就這樣孕育而生了。

為什麼工程師們的「專業眼光」就產生不了這一奇妙的「創意」呢？根本原因就在於這些工程師早已被束縛在一成不變的建築知識體系當中，形成了一套固有的思維方式。因此，每個人都應避免這種思維方式對處理問題的束縛，這樣才能發現更好的解決方法。

每一條路都能通往成功，唯一不同的只是這些路的艱險情況。正如「條條大路通羅馬」一樣，在不同的行業裡，用不同的奮鬥方式，都能使我們獲得成功。「此路不通」的情況只存在于「路標牌」中，因為通過「繞行」，我們最終仍能殊途同歸。

你一定有辦法幫我「搞定」這件事

當一個人聽到別人的讚美時，心中總是非常高興，臉上堆滿笑容，口裡連說：「哪裡，我沒那麼好，你真是很會說話！」即使事後回想，明知對方所說的可能是恭維話，卻還是抑制不住心中的那份喜悅。

因為，愛聽溢美之詞是人的天性，虛榮心是人性的弱點。當你聽到對方的吹捧和讚揚時，心中會產生一種莫大的優越感和滿足感，自然也就樂意聽取對方的建議。

法國作家伏爾森的好友豐特奈爾是一位有名的科學家和文學家，他在九十七歲時還談笑自若。

一日，他在社交場合遇到了一位年輕貌美的女子。他對那位女子說了很多恭維話，片刻之後，他再次經過那位女子面前時卻沒有看她一眼。

於是，那名女子對豐特奈爾說：「我該怎麼看待你的殷勤呢？你連一眼也沒看我。」

豐特奈爾不慌不忙地回答：「我若看你一眼，只怕就走不過去了。」

對上級來說也是如此，你求他辦事，讚美他是理所當然的。你讚美了他，他反過來也會重視你，得到恭維的人是不會放著對方的「難題」不管的。

讚美是人際交往的「助推器」，好好地運用它，一定會令你事半功倍。因為每個人在內心都有一種「被承認」的欲望，都希望得到他人的肯定，他人的肯定也能提高自己的積極性。當一個人自認為這件事非自己不能辦成時，他就會盡自己最大的努力去辦，在他辦成之後也會有很高的成就感；反之，當一個人對自己不以為然的時候，他做事就會消極被動，即使成功了也沒有多大的喜悅。

如果能夠利用這種心理作用，就能夠激發人們辦事的「熱情」。那麼，具體如何去激發呢？當然是給對方積極的「暗示」，「暗示」某件事非他才能辦好不可。

「別人我不知道，你，我是知道的。你一定有辦法幫我『搞定』這件事。」即使是很難辦成的事，因為你這句話，他也會努力去做，不讓你失望；而且你的鼓勵也能引發他的潛能。

有時候，別人會以「忙」為由拒絕你，如果你說，「我當然知道你很忙，就是因為你很忙，我才放心讓你幫忙」，對方可能會轉變對你的態度。

學會說讚美的話，當你求人辦事時，你將會領悟到其中的妙用。

「冷落」你的人，你一定要對他微笑再微笑

相信每個人都嘗到過被人「冷落」的滋味，但人們面對「冷落」所採取的

態度卻不盡相同。有的人遇「冷」不冷，逢「落」不落，仍然表現出一種泰然處之、豁達坦蕩的超然境界，其結果不僅使自己渡過難關，而且「逆境成才」，抒寫了更加輝煌的人生篇章。有的人卻不儘然，面對「冷落」，便變得消沉起來，一蹶不振，最終使自己陷入自我封閉、孤獨寂寞的困境而難以自拔。要走出被人「冷落」的誤區，首先要接受「冷落」。

當你被人「冷落」的時候，要先承認它的存在，允許它的發生。人生本來就是一個「萬花筒」，赤橙黃綠青藍紫，喜怒哀樂、酸甜苦辣、溫涼冷熱，可謂應有盡有，五彩繽紛。因此，被人「冷落」也就不足為怪。

每一個生活在社會中的人，或多或少，或輕或重，都遇到過「冷落」，不管你是自覺的還是不自覺的，情願的還是不情願的，誰也休想與它絕緣。「冷落」作為一種客觀存在的社會現象，你無論如何也不應當採取回避的態度。

因此，面對「冷落」，你要採取承認它的態度，有接受它的心理準備。當然，承認「冷落」的存在，並非是承認它存在的合理性，而是承認它的客觀性，從而去接受解決此種矛盾方法的必然性。唯有如此，你才會直面「冷落」，既不回避，也不懼怕。不但如此，面對「冷落」時，還要做到不委屈、不抱怨，並敢於坦然地表現自我。

遭受「冷落」，心情低落在所難免，在此時你就要會自我調節、平息抱怨。

大凡經歷過「冷落」的人，大都有這樣的感覺，抱怨「冷落」的結果只會在客觀上助長受「冷落」壓力的程度。與其過多地抱怨，倒不如從主觀認識上找原因，以新的姿態重新揚起生活的風帆，戰勝「冷落」。

面對「冷落」，我們不妨捫心自問：為什麼他人沒有受「冷落」，卻偏偏「冷落」了自己；為什麼此時無「冷落」，彼處遇「冷落」？仔細想想，你便會覺得，原來別人對自己的「冷落」也是事出有因的。

假如受到來自頂頭上司的「冷落」，你可能想到了他的偏見、不公正，但是否還應想到，你的工作態度差，表現得不好，才是上司「冷落」你的真正原因；假如受到同事的「冷落」，你可能會認為他孤芳自賞、為人傲慢、心胸狹窄、無端嫉妒等，但是否還應想一想，是你的傲慢、無禮、清高，才使他人對你產生了「冷落」？假如受到妻子的「冷落」，你可能會想，妻子不溫順、不賢慧、不會料理家務、不會熱情待客等，但是否還應想到，你的「大丈夫」習氣、動輒「吹鬍子瞪眼睛」的德性，難道妻子還不該「冷落」你幾次？

……

與其抱怨別人，倒不如利用這個機會來反省一下自己，因為失去的再難挽回，與其自己苦惱，不如灑脫一回。

「冷落」，會使你隱隱感到自己心靈上的某種喪失。這並不可怕，問題的關鍵在於你能否正確地對待「喪失」，能否科學地把握「喪失」，能否學會從「喪失」中奮起。

裘蒂絲·維爾斯特在其力作《必要的喪失》中指出：「喪失」是不可避免的。我們從脫離母體直到死亡，在整個成長的過程中，「喪失」始終伴隨著我們。它是「一種終生的人類狀況」。理解人生的核心就是理解我們該如何對待「喪失」。「喪失是我們為生活付出的代價」，但假如我們學會了放棄完美的友誼、婚姻、孩子和家庭生活的理想幻想，放棄對絕對庇護和絕對安全的幻想，那麼我們將在這種放棄中重生。「喪失」是成長的開始，追求完美與恐懼「喪失」

則是幼稚的，我們人生的路途由「喪失」鋪築而成。

現實生活中，我們常常習慣於把複雜的社會、複雜的人生理想化，人們接受收穫往往比接受「喪失」更容易做到。其實，只要稍加留心，便會從生活中經常發現這樣的畫面：他是我的好朋友，同時又是別人的好朋友；上司對我特別器重，同時他對另一個人也特別器重。想到此，也許你就會認識到，放棄各種不切實際的期待，對於消除冷落的困惑是多麼重要！

「冷落」雖然使你暫時少了一些來自外界的熱情，少了一些朋友，但往往能進一步激發你對「熱情」的珍視，對朋友的珍愛。此時此刻，你將會用自己的「熱情」去溫暖對方那顆「冷落」的心，你將不會再用消極的眼光去對待朋友一時的偏頗。

生活中常常有這樣的現象：有些才能出眾的人，正是由於受不了世俗「冷落」的偏見，從此之後甘願「隨波逐流」，也不肯再「出頭」「冒尖」了；也有一些較為愚鈍的朋友，由於受到某些人的鄙視，就產生「破罐子破摔」的念頭。

生活是多色彩、多層面的，不必事事都要追究一個所以然，必要的超脫也是一種生活的「潤滑劑」。面對「冷落」，沒有必要自我封閉、自我煎熬，活得灑脫一點，才是正確的生活態度。

俗語說得好：「生活就是面對現實微笑，就是超過障礙注視將來。」在生活中，每個人都會遭遇「冷落」，但更多的還是擁有「熱情」。你應當不斷地去尋覓生活中的「熱情」。人人都希望把「熱情」帶進自己的生活，讓生活變得更富有色彩、更富有詩意。如果你只會發現「冷落」，而不勇於去開拓和追逐「熱情」，那麼，在你的眼裡就會只有苦澀、憂傷和痛苦。

有的人在處理人與人之間的關係上，總是持有這種態度：你對我好，我就對你好；你看不上我，我也不買你的賬。這至少是一種不夠大度的姿態。人與人之間的交流是雙向的。一個成熟的人，他想到的往往不是「得到」，而更多的是「付出」，在很多時候我們需要做必要的讓步和犧牲。

面對「冷落」你的人，早上初見面時，可以主動上前去問候一聲「早上好」；週末、節假日，你可以主動邀請對方去參加一個聚會，或做一次短途旅行；當對方喬遷新居時，你可以主動去當個幫手，等等。如果你能這樣去想、去做，逐漸改變對方的態度，那麼精誠所至、金石為開，看上去似乎你顯得「矮」了一些，但在他人的心目中，你是高尚的、偉大的、值得信賴的。

人們在受到「冷落」之後，往往在生活上感到「失意」，在心理上產生退卻。對於一個強者來說，越是受到「冷落」的重壓，越是應當富有自我表現的陽剛之氣。此種勇氣，不僅可以「吹散」來自外界對自己冷落的「陰雲」，也容易「撥開」自己被人冷落所帶來的心頭「迷霧」。

當然，在自我表現的過程中，你還應當注意不要自我標榜、故弄玄虛。因為這樣做，不僅難以排除外界的「冷落」，還會由此帶來更多的「冷落」。

自我表現，不僅應當有勇氣，更重要的是要提高自己的素質，增強自己的實力。有了真才實學，就會為你平添一份自信，再加上自己的勇氣，那你就會在生活的舞臺上表現得瀟灑自如，發揮得淋漓盡致。此時，你面前的「冷落」，便會一掃而光，迎來的將是張張笑臉、「滿園春色」。

你認為正確的觀點，別人可不這麼想

「換位思考」，顧名思義，也就是換個立場來思考問題。其實，在生活中，這種思維方式益處是很大的，商家一旦從消費者的角度來考慮他們的需求，商業利潤將源源不斷；老師一旦從學生的角度來考慮問題，教學效果也將變得更好。

當你不理解別人時，當你因為社交障礙而苦惱時，試著從對方的立場思考一下，或許能達到意想不到的效果。懂得「換位思考」的人是心胸寬廣、聰明睿智的人；懂得「換位思考」的人會在許多事情的處理上比別人棋先一招、技高一籌。

在人多的場合，嬰兒總是會哭，很多人並不知道這是為什麼。其實，如果你蹲下來，從嬰兒的角度來看世界，你會發現，原來嬰兒沒有辦法看到別人的臉，他們只能看到人們的腿。

為什麼父母與子女之間會產生代溝，老師與學生之間交流有困難，夫妻之間產生問題，人與人之間無法真正交心呢？就是因為這個世界在某種意義上是成人的、理性的、冷靜的、邏輯的、自我的世界，不符合這類標準就會受到「冷落」、打擊及制止。

所以，「換位思考」在人際溝通上是非常重要的，因為不瞭解對方的立場、感受及想法，我們無法正確地思考與回應，「換位思考」其實就是理解別人的想法、感受，從對方的立場來看待事情。它需要一點好奇心，然而遺憾的是，許多人的「換位思考」卻缺少了這個要素，他們是站在自己的位置上去猜想別人的想法及感受，或是站在一般的立場上去想像別人「應該」有什麼想法和感受。

很多時候，我們都會為別人著想，但是，別人並不喜歡你為他所做的一切。當事情的後果不符合我們所想像和期待時，我們大多會覺得委屈，覺得自己「好心沒好報」。那麼，真的是別人不明白我們的「好心」嗎？

仔細分析，我們會發現，這種「換位思考」其實只是以「本位主義」來瞭解別人的想法及感受，而並非真正地為別人著想，因為它忽略了對方真正的想法及感受。這種做法不尊重別人的責任，不尊重別人的能力，不尊重別人的自主權。

所以，「換位思考」並不難，難的是你能不能放下自己的「主觀」判斷，只有真正地瞭解對方的心理，才能真正做到「換位思考」，也就能夠採取正確的方式做正確的事。

不管是在生活中，還是在工作中，人們常常會為一些矛盾各執己見、爭論不休，最後不歡而散，這不僅傷了彼此之間的和氣，還於事無補。其中的原因，就是矛盾雙方都沒有「換位思考」意識，沒有站在對方的角度上去考慮問題。

要營造一個和諧的工作氛圍和社會環境，必須要學會「換位思考」。

當問題出現、矛盾產生時，當事雙方或多方首先應該進行溝通，應以平和的心態、平等的位置，用心、專注地傾聽對方把話說完，儘量準確地瞭解問題的所在，便於有的放矢。

「換位思考」是人對人的一種心理體驗過程。將心比心、設身處地，是達成理解不可缺少的心理機制。將自己的內心世界，如情感體驗、思維方式等與對方聯繫起來，站在對方的立場上體驗和思考問題，從而與對方在情感上進行溝通，為彼此增進理解奠定基礎。

「換位思考」的實質是對交往對象的切身關注，深入對方的內心世界。它既是一種理解，也是一種關愛。

雖然我們每個人因為性格、經歷、觀念、愛好、學識等不同，個人的需要也必然會千差萬別，但每個人的需要又有其共性。我們可以把自己置於對方的角色中來考慮自己的需要，從而推斷他人的想法。這是我們瞭解和洞察別人心理的一個入口。

一個人不管他嘴上怎麼說無所謂，都是非常關注自己在別人心裡的價值的，人們從心底裡期望得到他人的重視、承認、尊重和讚賞。當這種心理需要得到滿足時，我們就會有一種很好的感覺，會心情愉快、充滿信心；倘若這種需要總是遭到他人的忽視、否定甚至被有意地剝奪時，我們不僅會情緒低落、鬱鬱寡歡，有時還會因失去理智而出現攻擊性的言行。

所以，**卡內基說：「人類本性最深的需要是渴望別人的欣賞。」詹姆斯也說：「人類本質中最殷切的需求是渴望被肯定。」**

卡內基寫了一本享譽世界的書《人性的弱點》，他經過廣泛而深入的訪問和調查，發現人性的弱點在於每個人都希望和喜歡別人肯定、鼓勵和讚揚自己，而害怕批評、斥責，抵觸他人對自己挑毛病、潑冷水。卡內基說：「批評、責怪就像家鴿，你放飛後，牠們總會回來的。如果你我之間明天要造成一種歷經數十年、直到死亡才消失的反感，只要輕輕吐出一句惡毒的評語就行了。」

在開口說話前，先問一下自己：

當我犯了過錯時，我希望別人批評我嗎？

——不，我希望得到原諒。

當我做得不好時，我希望別人嘲笑我嗎？

——不，我希望得到鼓勵。

當我遭到挫折時，我希望別人幸災樂禍嗎？

——不，我希望得到幫助。

當我情緒低落時，我希望別人冷落我嗎？

——不，我希望得到安慰。

當我總是因聽不懂而問個不休時，我希望別人覺得我煩嗎？

——不，我希望得到耐心。

……

那麼，當他人也處在類似情景時，就做他人希望你做的事吧。

有時候自己認為正確的觀點，在別人眼裡未必如此。在考慮問題時，有時應該先擱置自己的觀點，換個角度來思考，你就會瞭解看待事物的方式其實不止你這一種。

一個小男孩去食品店買冰淇淋。他坐在桌子旁問售貨員：「蛋捲冰淇淋多少錢一個？」

售貨員回答說：「七十五美分。」

男孩開始數他手中的硬幣，然後又問小碗冰淇淋要多少錢，售貨員極不耐煩地回答道：「六十五美分。」

男孩買了小碗冰淇淋，吃完後就走了。

當售貨員來收空盤子時，發現盤子裡放著十美分的小費。

用希望別人對待你的方式來對待別人，是將心比心；用別人期望的方式來對待別人，是善解人意；為對方著想，這是最樸素也是最高超的處事技巧。

「換位思考」，要**學會溝通**，**學會寬容**，**學會合作**，**學會思考**，而「換位思考」的結果，就是「**雙贏**」。如果我們時時處處都能站在別人的角度思考問題，體驗他人的情感世界，我們就能融洽、友善地與人相處。

第六章　先「謀生」，再「謀愛」，穿越人海擁抱你

「他」來，我不害怕

對於獨立而又成熟的都市女性來說，若要你在男人面前「扮天真」，告訴他「沒有你我就活不下去」，顯然不太現實。就算你「恨嫁」恨到骨頭裡，也不會將尋找一個男人當成自己的人生目標。然而，倘若你年齡超過三十歲，未婚，的確需要花一點時間來考慮一下，如何才能讓自己更快地「嫁出去」。

所謂「脫單」，看上去如「萬里長征」，第一步卻異常簡單。你只要放棄那

些對理想對象的想像與要求，嘗試與所有可能或者不可能的男人約會就可以了。

「他絕不可能是我喜歡的類型」，正是這些武斷的判斷，使你的單身生活變得越來越漫長。也許當你嘗試著跟他一起喝喝茶、吃吃飯，會發現喜歡穿粉紅襯衣的男人不一定都是「自大狂」，跟父母一起住的男人不一定就是因為他們買不起房子，「天蠍座」與「處女座」有時候也挺「來電」。

能不能遇到「對的」男人並不完全是運氣問題，而是對待愛情的態度問題。人生經歷使「剩女」們變得越來越成熟和迷人，同時亦讓她們變得過於理智和保守。其實愛情永遠是「冒險家」的樂園，反正你閒著也只是胡思亂想，為什麼要拒絕與一個看上去「不太合適的男人」約會幾次呢？你難道沒發現嗎，「平裝本」男人需要耐心發掘，而「精裝本」男人老早就被一搶而空了。

「我不是不想嫁，可是我覺得……」，類似這種交流只會讓你的未來男友條件「明細單」越拉越長，最後你只好去「火星」上找到這樣的男人。

所以，去見男人吧，跟他們吃飯、聊天、牽手、擁抱……然後再來談論什麼樣的男人適合自己。要想「脫單」，就必須讓自己身上有迷人的戀愛氣味，越戀愛越有「異性緣」，越「空窗」男人對你越疏離。

哪怕你不再年輕了，努力也永遠來得及

世界上根本不存在十全十美的人，每個人都有或多或少的缺點。關鍵是，他身上總有一個優點讓你會不去計較或者忍受那些令人討厭的小缺點，而那些缺點或毛病也正是屬於他自己，而不是屬於別人的「小特質」。與人相處需要寬容，愛情也是需要包容的。

追求美好的對象本身並沒有錯，但如果容不下一點缺憾，對身邊的人「橫挑鼻子豎挑眼」，總覺得「那山總比這山高」，這就可能是過分的要求了。對自己過高的評估，帶來的或是看輕別人，或是更多地看到了「物質」的東西。很多「剩男」、「剩女」列出的心儀對象條件，都是自相矛盾的：比如希望一個男人事業有成、居於高位，同時又不能太忙，要常常在家陪自己看電視、聊天，哄自

己開心；希望一個女人要聽話，但掙的錢不能比自己少……他們根本不是在找相愛的人，而是在找一個完美的人。

在擇偶上脫離實際，想追求完美另一半的女性應該好好審視一下自己：你們也是普通人，也有缺點和不足，何必非要挑剔別人。

我們需要另一半，是因為我們都不夠完美，我們需要彼此依靠、彼此扶持來度過一生。你要尋找的另一半，重要的不是對方有多完美，而是他與你的契合度有多高，**適合的人遠比完美的人更能帶給我們愛情、婚姻的滿足感**。

有的時候，我們並不是很瞭解自己的內心，好好地跟自己的心靈對話，想想，是什麼原因讓我們和「緣分」一次次擦肩而過。

其實，哪怕已經沒有了青春，努力也永遠來得及！你要相信愛情，相信自己值得更好的愛，相信自己有能力、有資格獲得幸福。倘若你今天過得不盡如人意，那是因為你昨天不夠努力；你的明天是否會更好，取決於你今天是否努力！所以，你下定決心，立即行動吧！

現在，你已經明白了努力的重要性，但相比努力，更重要的是努力的方向。

你知道正確的方向嗎？你知道怎樣努力才能事半功倍嗎？

首先，你要**審視自己的過去，是什麼原因造成了你今日仍然單身**？不要從別人身上找原因，責怪別人或尋找外部原因只是一種逃避的托詞，改變自己才能贏得幸福。你要清楚以往婚戀的失敗原因是什麼，只有瞭解了過去，才能調整自己，避免日後重蹈覆轍。

其次，你要**重新評估、瞭解自己的實際情況和需求，制訂合理的擇偶標準**。你要清楚每一個人都有優缺點，所以要求對方面面俱到是不切實際的。但要懂得堅守合理的要求和標準，不要因為暫時沒遇上合適的對象而將要求一降再降，免得婚後後悔、不甘心。你要明確自己最看重的是什麼，不能什麼都想要。

第三，**整體提升狀態和魅力。不要高估了內涵的吸引力，不要以為對方可以越過你的「外表」而直接愛上你的「靈魂」**。你需要內外兼修，永不放棄對美的追求，也要充實自己的內心，靜下心來思考總結，有自己的觀點和立場，不要人云亦云、隨波逐流……你可以做的還有很多，儘量充實而快樂地度過每一天，生活一定不會辜負你的努力。

第四，當你在茫茫人海中搜尋理想對象的同時，也要學會把自己的優勢展現出來，讓優秀的異性更快速、更方便地發現你，從而提高擇偶成功的機率。

一次「六十分起跳」的愛情

大凡到了適婚年齡卻依然「賴在」父母身邊的男女，都有過類似的「相親」經歷。有人說，「相親」等於「六十分起跳」的愛情。遇不到百分之百的愛情，那就找一個「六十分」的對象，能「愛起來」就好。

「相親」，不是現代社會選擇戀人的最佳途徑，也不是社會公眾最津津樂道的方式，但它的確為不少適婚男女創造了尋找「意中人」的機會。少一點功利心，多一點對愛情的期待，或許相親並不像你想像中的那樣糟糕。

一次成功的見面不難，難的是如何把「成功」延續下去。往往，在自由戀愛的時候，不少人用三五年去追尋一段未果的愛情也不覺得可惜，但在「相親」

時一旦被人拒絕就接受不了打擊。原因是他們對「相親」太先入為主，認為「相親」以後，對方反應不熱烈就是「人家看不上我」因而傷了自尊。如果不糾正這個認識的誤區，那麼，很多成功的「相親」就往往「胎死腹中」了。

其實，「相親」只是一種讓你和他認識的途徑，你先要擯棄那種「被挑選」的感覺，這樣，你就不會有「挑不中」的羞憤。

無論男女，自己覺得喜歡的就要主動爭取，萬一對方拒絕了你，也不要過分敏感，多給對方一點時間，也是給自己一個機會。如果對方看中了自己，可以在週末約他去個有情調的地方，如果是還想見幾次再做決定的，可以約他去「肯德基」一類的快餐廳吃幾次飯。

一般來說，七十%的男人不喜歡高傲和不屑一顧的女人，直接一點、簡單一點的女人會讓他們感覺輕鬆。男人是很粗心的動物，或許他是真的沒空，並沒感覺到他的拒絕傷害了你，建議你先打聽一下他的工作時間，儘量選他有空的時候約他。

如果你善於言辭的話，就找個安靜的地方約他聊聊天；如果你不善言辭，不妨約他去唱唱「卡拉ＯＫ」，用歌聲代替心聲；如果你連歌也不會唱，那麼，可以約他看看電影什麼的，或尋找一個雙方都感興趣的影片。

另外，「相親」之前，多瞭解一些「相親」對象的背景，不但讓你可以更容易地找到話題和對方聊天，也會幫助你確定對方是否適合自己。

下面列出了「相親」中的常見的一些問題，可以讓你學會如何從「相親」走到「相愛」。

問題一：「第一印象」很重要，就是俗話說的「有感覺，心動或者『來電』」，但也有人認為「第一印象」具有欺騙性?要不要相信「第一印象」？

解決方案：心理學中有「首因效應」和「近因效應」這兩個概念。「首因效應」就是說「第一印象」一旦建立，其後的資訊組織、理解都會根據「第一印象」來完成；而「近因效應」是指最新獲得的資訊影響比原來獲得的資訊影響更大。一般說來，熟悉的人，特別是親密的人之間容易出現「近因效應」；而不熟悉的人之間容易出現「首因效應」。「相親」過程中，「首因效應」更明顯；而在日後的交往過程中，「近因效應」則更起作用。

問題二：相親時應保持怎樣的心態及如何展示自己的最佳狀態？例如，「閨蜜」或親朋介紹的相親對象與自己的喜好相距甚遠，如何很好地應對又不傷及對方的感情？

解決方案：以「平常心」對待，不抱過高希望，希望越大，失望越大；不抱悲觀論調，否則出發前就已經有內在的情緒產生，整個過程也會讓自己、對方感覺不適。舉止得體、自然大方就好。如果介紹人推薦的「相親」對象和自己的要求相差很大，第一次可以禮貌地回絕，但要向介紹人講清自己的要求，你表達得越清晰，介紹人越覺得你對他（她）的信任和你對「相親」這件事的誠意，以後也會更注意你的感受，介紹更適合的人給你。

問題三：相親場合應如何打扮及注意些什麼？

解決方案：適當的裝扮是需要的，至少是對自己和對方的尊重。但別過於性感和誇張，第一次見面就把對方「嚇著」，因為結婚的對象還是讓人放心比較重要。著裝的顏色可以選擇能讓人見了就有輕鬆感的淺藍、淡綠、粉紅、薰衣草等顏色，而豔黃色容易使人大腦中主管焦慮的神經興奮，儘量避開這個顏色。如果你本身就健談、外向，再穿大紅色，容易讓初次見面的人覺得你過於自信和強勢，可以巧用其他不同純度和明度的紅色，或用紅色配飾點綴，既顯歡快又不過於誇張。

問題四：平時工作實在太忙，希望利用長假「廣撒網」，集中「相親」尋找感覺這事靠譜嗎？

解決方案：集中「相親」看似高效，但會讓自己產生「審美疲勞」，從而產生錯覺或對「相親」這件事感到厭煩，所以雖然是「長假」，還要根據「保證品質」的原則適度而行。

問題五：有些「大齡女」平時工作「圈子」很窄，就喜歡網路「相親」，如何避免遭遇網路婚姻騙子？

解決方案：一定要找正規婚戀網站或婚戀仲介公司，如果通過婚戀網站「相親」，可以把對方的「ＩＤ號碼」給工作人員進行身分核實，在與對方見面前先對其多加瞭解。如果見面一定要選擇安全的地點，比如公共場合等，不宜在「網聊」中過多地洩露自己的私人資訊，如家庭住址、工作地點等，直到彼此建立了信任感，才可以慢慢透露這些資訊。首次約會要控制好時間，儘量避免對方送自己，要堅持自己回家。

問題六：雙方都有一個「擇偶標準」，如何選擇和堅持？（很多高齡男女未婚，都是想找一個精神上與自己契合又有生活品味的丈夫或妻子，他們表示，直到現在都沒有遇到一個既符合心目中條件又令自己喜歡的對象……）

解決方案：如果長期以來都是這種感受，則需要問問自己，是不是要求太多、過於追求完美、對人過分挑剔等。因為我們自己也不是完美的，但卻要求對方比我完美，還特別愛我，都要順著自己的心意。請你稍加理智地想想這種可能性有多大？

每個人都有自己的標準，也有權利追求自己的幸福，那就需要看看雙方有多少標準是「交集」，又有多少部分是非原則性的，是可以互相包含、相互接納的。從戀愛到結婚並不是追求完全一致的過程，而是正視差異、理解差異、接受差異的過程。

問題七：相親「唯條件論」，適齡男女早已過了懵懵懂懂、山盟海誓的初戀年齡，對婚姻和家庭生活思考得更現實，比如，男人問女人為自己準備了多少嫁妝，女人則想知道男人的身家條件和養家能力……處理不好這些，會讓「相親」陷入愛情「唯物質論」、婚姻「唯條件論」的危險中……

解決方案：心理學中有個「馬斯洛需求理論」，提到人的五種層次需求：生理、安全、愛和歸屬、尊重和自我實現的需要。這在「相親」中也會體現，嫁妝和身家條件、養家能力的標準，就是安全感和價值感的現實表現，越是對這些方面在意，也就越說明自身安全感和價值感的缺乏。

提出這些物質條件並沒有什麼錯，但得看看對方能否接受你這些要求？你自己又能付出多少？凡事都有代價，如果只看重物質條件而忽略情感的依戀度和親密度，那最後可能得不償失。

問題八：第一次見面如何做？要不要帶親友陪同前往？

解決方案：第一次見面儘量做到身心放鬆，從雙方感興趣的輕鬆話題開始溝通，比如最近的社會新聞、熱門電影、看過的書籍等等，這樣不會讓對方有壓力感，也容易瞭解彼此的興趣愛好，看看雙方是否合適。就話題的內容方面可以提前關注一下。

如果是信任度較高的「相親」，自己前往就可以了。如果是通過網路認識而自己又不太放心的情況下，可以帶上一個同齡好友，但不必全程陪同，只是起到安全保護的作用，讓對方也知道你有朋友知道約會地點。首次約會不要帶上自己的長輩，那會讓對方覺得你的心理年齡不成熟，而且長輩出現在第一次約會中會讓雙方都很尷尬，「相親」的氣氛和效果會大打折扣。

問題九：比較熟悉以後的約會最重要的目標是什麼？雙方怎樣培養「親密感」？

解決方案：建立良好的「依戀感」和「親密感」，體驗愛、表達愛、堅持愛。比如互送小禮物，瞭解對方的生日，說甜言蜜語，發思念短信，給對方「小驚喜」。在對方感到孤獨時，給對方及時的陪伴與寬慰。真愛會令人無私地想為對方做些事情，以對方的快樂為己任。

即使你特別喜歡他，「也要請他來追你」

很多時候，女人們都會遇到這種情況，他愛你，你也愛他，可是究竟該由誰來「捅破這薄薄的一層紙」呢？此刻，男人和女人都在打著自己的「算盤」。對於女人來說，主動，或是被動，哪一種選擇更有利呢？

有些女人選擇了被動等待，就像古代那個「守株待兔」的老農一樣，也許那隻兔子會直直地衝向你，你能不勞而獲，但是成功的機率並不比彩票中頭獎高。還有一些女人以「飛蛾撲火」之態將「愛的繡球」拋到了那個男人的頭上，也許你真的贏得了愛情，這自然值得慶祝一番，但是並不排除一種可能，就是你的「主動」雖然最終使你們確立了戀愛關係，但你卻始終處於一種「被動」的地位，為了維護這段得之不易的愛情，你可能會小心翼翼、如履薄冰。

你要保持對追求者的優勢，無論是心理上還是實質上。

男人對女人的愛，來自性欲和征服欲。性欲和美貌有關，征服欲和女人的地位有關。

有些女人對男人太好時，很容易把自己放得很低，甚至如同男人的「奴僕」一般。但是試想，有幾個男人會想去征服自己的「奴僕」呢？

男人追求的目標，是遠遠超過自身的存在，是看起來自己追求不到的女人。所以，你要想讓他對你感興趣，一味對他好是沒用的。你必須想些辦法，激起他對你的「征服欲」。

你為男人「關上了一扇門」，就要再為他「開一扇窗」。用你自己的方法，暗示這個男人來追求你。可以偶爾和他約會一兩次，讓他知道你雖然很多人追，但是潔身自好。讓他知道雖然你身處喧囂之中，但自己還是安靜自若。你要讓他知道，你會給所有人機會，但最終等待的是個「執子之手與子偕老」的人。

女人最終目的就是要讓男人明白，「你」是他的目標，但不是一個可以輕易「征服」的目標。而這種目標，恰恰是最能夠激起他們的喜愛、欲望和鬥志的，能讓他們用盡力氣來「征服」你。

戀愛中的男女扮演著不同的角色，男性使盡渾身解數「攻城掠地」，進退有度，女性控制戀愛火候，使男性保持不斷進攻的態勢，讓男女關係的互動體現得淋漓盡致、和諧美好！

儘管當今社會戀愛態勢日趨多元化，但無可爭議的是，「男攻女守」——男性主動追求，女性挑選接受，仍然是絕對的主流。

這裡說的「男攻女守」並非是讓女性靜靜地等待，不做任何反應以應對男性的進攻。殊不知，征戰沙場的勇士雖不懼怕失敗，但他會害怕你的拒絕讓他顏面無存。如果你對某位異性有好感，高調和主動反而會嚇跑對方，沒有一個男人會覺得被女人「追到手」是一件值得驕傲的事。

美國著名兩性情感專家約翰・格雷在《男人約會向北，女人約會向南》一書中提示，戀愛階段男女約會的全部要義在於：對男人來說，需要從一點一滴的小事做起，顯示出他對女人的興趣與關心；而對女人來說，則需要大方地接受他的示愛、他的付出，並且從這些過程中發現自己是不是真心喜歡他。所以，「男人追求，女人引誘」是最佳的情愛策略。

張小嫻說過：「女人的追求其實只是用行動告訴這個男人，請你追求我！意思是拉開架勢，垂下魚線，願者上鉤而已。」而男人們津津樂道的是「以為是我勾引了你，誰知中了你的『美人計』」。

很多女性總是抱怨，為什麼不停地付出，換來的卻是男人的冷漠無情和更多的背叛？關鍵就在於她們打破了「男人主動、女人被動」的情愛遊戲規則，剝奪了男人「征服女人」的權利。

如果女人總想方設法取悅男人，滿足男人的每個需求，男人不僅少了那層神秘感，還會在潛意識中要求女人：「你還可以為我付出更多。」長此以往，女人一味付出，男人一味索取，男人的「主動性」變為徹底的「被動性」，女人的愛情悲劇就不可避免地發生了。

聰明的方法是「若即若離」，讓他「可望而不可即」，最厲害的一招則是始終讓他「求之不得」。「若即若離」也好，「求之不得」也罷，其實就是在男性面前擺「迷魂陣」，保持一定的「神秘感」，不讓他一下子看透你。

女性朋友們不妨製造出一定的距離和空間，給男人某種不確定感。讓他花費更長的時間，更深入地關注這段感情，如同大樹的根系深深地紮入大地，這樣也是為你們將來有可能的婚戀生活打下穩固的基礎。

戀愛就是一場「攻堅戰」，勢均力敵、攻守平衡才能動人心弦，有來有往的攻守過程才是其樂無窮的戀愛世界。男女雙方在「兵來將擋、水來土掩」的較量和過招中增進瞭解、加深感情。如何讓他在追求的過程中有成就感，在互動的情況下享受愛情的甜蜜，讓感情不斷升溫？你需要防守有度，該矜持的時候要矜持，該熱情的時候要熱情，以守為攻、以退為進，激勵對方保持不斷進攻的態勢，這才是「男攻女守」的核心目的。

有句話說得好：「男追女，隔層山；女追男，隔層紗。」但大多數男人不怕「翻山越嶺」，因為中間的千難萬險反倒讓他們感覺到其樂無窮；「紗」很薄，大多數女人卻不願主動揭開那層「紗」，因為聰明的女人知道，神秘的「面紗」要由男人來揭開才更加驚心動魄，更加出神入化、浪漫迷人。

（1）**「要他追你」：去刺激男人的「狩獵」本能。**

雖然這個年代男女平等，但要想成功地「擄住」他，是要令他主動追求你，因為男人天生具有「狩獵」本能，越是千辛萬苦才「捕獵」得到的，他才越會珍惜。而且在男人的內心也常有想要追求的女人，每當得不到便會出盡「法寶」，要把握住他們的這種心理，不要那麼快地接受他，要讓他慢慢等待，這樣一定可「捕獲」男人的心。

（2）學會讚賞：找到他的長處去稱讚他。

男人受到讚賞時，心裡會很受用，能「捉住」這點去稱讚男人的女人便能戰無不勝，但要注意的是不是每位男人都喜歡當眾受人稱讚，不同的男人要採用不同的讚美方法，大多數男人在「駕車」方面被人稱讚會很開心，當然並不是隨便地去讚賞，你可以觀察生活中他的種種舉動，自然地去讚美他，小小的讚美可以令他「提起勁」來。

（3）有點「欲擒故縱」的聰明：束縛他，不如給他「小小自由」。

想要讓他更珍惜你，就要學會「欲擒故縱」，讓他看到你的好，但又不十分接近他。對男人「窮追猛打」只會讓他逃離，讓他覺得被束縛。不如適當地關懷卻又巧妙地疏遠，「縱」只是手段，目標是要「擒」。

（4）一齊跨越困難，一同分享感動的事物。

要令男人的心情高漲便要令戀愛得以昇華，正如「烤牛排」般，最初用「強火」去燒好兩面，然後轉為「弱火」去慢慢燒透中心，男人的心也是一樣，如果你們所遇到事情和經驗都一樣，又或彼此能共同應付痛苦達成志願，男人的心往往會因這些患難而有強烈的反應，對戀愛的態度也會有所改變。

（5）提高自己在對方的心目中「價值」。

如能令男性緊張焦急，對戀愛將有益處，正所謂「一次釣上來的魚不會好吃」，即是說如果你令他覺得和你在一起是理所當然的話，便不會得到他的重視，適當的時候讓對方著急，你便可以保持自己在他心目中的價值。例如，長時間的約會期限為一個月一次至二次，短時間的約會期限為一週一次，使他有一種「饑餓感」，令他有一種想與你待在一起的感覺，這是要保持一種「女性價值」的方法。

（6）激發對方的自尊心，使其變得開心。

正所謂「撒嬌能手」便是「戀愛高手」，懂得如何「操縱」男人的心。女性溫柔的稱呼是很有效的，不要總在對方面前表現得很強勢、很能幹的樣子，愛撒嬌的女人是會令男人對你更千依百順的。

卸下這「感情包袱」，你或許會更相信愛

不是每一朵花都能夠如期地開放，也並非每一朵開過的花都能結出果實來。對於愛情來說，當你愛一個人而得不到回報的時候，在你付出千般努力也無法得到一個許諾的時候，在你因愛而受傷的時候，千萬不要再繼續與自己「較勁」了，要學會放手，給彼此自由。否則，帶給你的只有無盡的痛苦和煩惱。

人生的風景並不是只在一處，在你為逝去的美景哭泣的時候，眼前可能是一幅更美的畫卷。不要沉醉於過去的情感，失去了，意味著這段情感不適合你，一段更好的感情正在等待你。不向前看，你怎能看到眼前的美景？不放下過去，你怎麼會獲得自由？

人生猶如一部戲，我們每個人都是戲裡的主角，每個人都不可能把自己的角色演到極致而不留一絲遺憾，沒有遺憾的人生不是完整的人生。放下過去，還彼

此自由，讓彼此生活得更好，這才是一段真正完美的感情。所以，當你被某些事情攪得心力交瘁的時候，一定要告訴自己：只有放下，才能重獲快樂和自由！

第七章 「變了味」的「朋友圈」，你煩不煩

我是來留學的，「朋友圈」請放過我

「各位親！我不想再去買╳╳牌的唇膏了！一周跑三趟，讓我專心學習吧！」在澳大利亞留學的宋丹在社群群組裡「吐槽」。

她的「吐槽」引來了很多在國外的朋友留言，他們說，「朋友圈」拉近了人與人之間的距離，但也給他們的海外生活帶來了很多煩惱。

今年廿五歲的宋丹，去年前往澳大利亞墨爾本攻讀碩士學位。在她的留學

生活中，唸書、打工已經佔據了大部分時間。儘管她不願意幫人代購，但朋友還是找上了她。為此，她一周跑了三次商場，買了七隻唇膏。

宋丹說，幫忙代購已經攪亂了她的生活，為此，她很煩惱。於是，她發出了「拒絕代購」的「吐槽」。

微信發出後，長達四個小時的時間裡，之前喊她「代購」的同學都沉默了，除了兩個人「點讚」外，微信再也沒響過了。

「我只想安靜下，希望沒有得罪大家。」宋丹說，「吐槽」微信發出後，她有點後悔。

不管你是喜歡它還是厭惡它都無濟於事，因為它已經與你的移動互聯網「新生活」如影隨形了，除非你不用「智慧手機」，可那將意味著你被整個時代所拋棄了。

當下不斷興起的各種社交媒體雖然解決了時間和空間的社交障礙，但還是只能停留在社交淺層，彷彿是兩個機器人之間的冷冰對話，但人類不是機器人，還需要更多深入和近距離的持續溫情交流，方能實現人與人情感的大昇華。

英國一項調查所得資料顯示，人的一生中平均會有六十四個朋友，其中十七個來自工作場合，廿八個分別來自學校和社交場合，十三個來自網路社交網路，還有六個通過親友介紹。但是，我們往往為得到這六十四個好友，需要支付大量的社交成本才能完成這一目標：我們一生中可能要同六十四萬個人打交道，社交媒體也是其中的主要管道之一。

但在「朋友圈」，我又遇到難以想像的困惑。比如，我興致勃勃地分享了一則商業廣告、一篇勵志文章，對自己來說很有意義，但對別人來說可能就是「垃圾」資訊，或是在炫富，或是自曝其短，無意中傷害了不少人的感官意識，倘若「上綱上線」至經濟實力、修養品味以及生活作風等層面，很可能還會誤導他人對我的形象認知，而解決之道似乎只有拋棄「朋友圈」，但這樣無異於「自絕於社會」。

正因如此，擔心自己傳播的內容會給他人帶來困擾，擔心讓自己的隱私暴露於他人眼皮底下，也對潛在的未知社交資訊感到莫名的恐懼和虛無，也許這正是資訊氾濫「中毒」後的綜合症表現。

而我們能做的，也許只有不斷地選擇性遮罩「朋友圈」動態，「拉黑」那些降低智商、浪費時間、「強迫」你看各種廣告的「小壞蛋們」，「掩耳盜鈴」般地使自己獲得清淨。

每個人都是獨立的個體，興趣愛好、認知能力和判斷力、情商智商以及價值觀、人生觀、世界觀都不可能完全相同，「朋友圈」分享的內容往往展示了自己真實的一面，對自己來說可能很有意義，比如，各種真假難辨的生活常識，五花八門的新聞資訊，沒來由的喜怒哀樂，惡俗的心靈雞湯，以及搞笑段子、廣告推廣、小視頻等等。這些對於那些發佈者來說可能很有價值，而對他人來說，可能會毫無營養甚至感到厭惡。久而久之，現實中的朋友會因為「朋友圈」內容產生隔閡，逐漸生疏，直至被遮罩「拉黑」。

這種焦慮心態其實也是一種「時代病」，一百多年前，德國哲學家尼采已敏銳地預料到現代人所患的病叫「虛無主義」。他認為「虛無主義」時代至少要持續兩百年，人類將進入「大平庸時期」，在文化生活上，由於內在的貧困，缺乏創造力，現代人是永遠的「饑餓者」，急於填補和佔有，搜集昔日文化的無數碎片來裝飾自己，迫切地需要和獲取更多訊息。

「人生若只如初見」，是朋友關係追求的理想狀態，而「朋友圈」卻很容易葬送這種美好。每一次「分享」都有可能左右他人對我們的認知，讓我們從中得到的大多是一堆毫無價值的資訊，卻很難評估到底失去了什麼。

很遺憾，社交資訊氾濫的當下，高呼「不知情權」已是不可完成的任務，就像有些人曾提倡的「不插電生活」，最後只能淪為「口號」一樣無奈。我們已經進入了不可逆的「朋友圈」資訊「黑洞」中，難以逃遁；否則，不是你拋棄時代，就是時代拋棄你。

路遙知馬力，日久見人心

朋友是我們生命中的「貴人」，但朋友也會在特定的時候變成「小人」，不為別的，大多只為「利益」二字，「天下熙熙，皆為利來；天下攘攘，皆為利往」。

正如安全的地方，人的思想總是鬆弛一樣，在與好友交往時，你可能只注意到了你們親密的關係在不斷增強，你們每天在一起無話不談。對外人你可以驕傲地說：「我們之間沒有秘密可言。」但這一切往往會對你造成傷害。

現代社會，急功近利者多如牛毛，急公好義者少之又少。很多人都是以利交友，友情的「關係網」以利益為基礎。當賴以生存的共同利益不復存在的時候，這張「關係網」也就隨之破裂。這種不穩固的「朋友關係」相互之間只有利用，自然禁不起風吹雨打；當無利可圖的時候，「朋友」也就形同陌路了。

進而言之，歲月也可以成為真正公正的「法官」。有的人在一時一事上可以稱得上是朋友；日子久了、時間長了就會更深刻地瞭解他們的為人，「路遙知馬力，日久見人心」，說的就是這個道理。如此長期交往、觀察，便會達到這樣的境界：「知人知面也知心」。

真正的朋友從來都不是靠著錢財、權勢、利益結交而來的，因為真正的朋友之間從來都不會在乎金錢的得失。

管仲，名夷吾，字仲，他幼年時，常和鮑叔牙一起遊山玩水，交情深厚，相知有素。管仲年輕的時候，家裡很窮，又要奉養母親。鮑叔牙知道了，就找管仲一起投資做生意。

做生意的時候，因為管仲沒有錢，所以本錢幾乎都是鮑叔牙拿出來投資的。可是，當賺了錢以後，管仲卻用掙的錢先還了自己欠的一些債，而到了「分紅」的時候，鮑叔牙分給他一半的「紅利」，他也就接受了。

鮑叔牙的僕人看了非常生氣，就對主人說：「這個管仲真是貪心，本錢拿的比您少，分錢的時候卻拿的比您還多！」

鮑叔牙卻對僕人說：「不可以這麼說！管仲不是個貪財的人，他家裡那麼窮，又要奉養老母，多拿一點又有什麼關係呢。」

管仲也曾從軍出征，在戰場上多次臨陣脫逃。有人便諷刺管仲膽怯，鮑叔牙則極力為其辯解，說這是因為管仲家有老母，需要他孝養侍奉，故而不能輕生。

在他們步入政壇後，管仲輔佐公子糾，而鮑叔牙則輔佐公子小白，後公子小白得齊國王位，稱齊桓公，桓公要封鮑叔牙為宰相，但鮑叔牙卻一再推辭，反而推薦管仲，自己則作為管仲的下屬，後來管仲果然助齊桓公成就霸業。

「管鮑之交」被千古傳誦，便是因為他們相知有素，而且絲毫不計自己的名利得失。這可以算得上是「道義之交」了。

一個猶太商人在「二戰」期間面臨生死危機之時，為了保全兩個兒子的性命，希望在諸多朋友中找到願意幫助自己兒子的人。

在幾百個朋友中，他發現只有兩個人可能幫助自己。一位是德國銀行家，他是自己生意上的合作夥伴，這位猶太商人還曾經對他有恩；另外一位是一個住在德國鄉下的農民，他是這個猶太商人年輕時的朋友，不過兩人已經很久都沒有聯繫過了。

猶太商人思量再三還是決定讓兩個兒子去那個農民家中避難。半路上，小兒子決定去找銀行家，他認為那個農民已經很久都沒有和他們來往了，一定不會幫助他們；而他家與銀行家則經常往來，非常熟悉。於是，兄弟兩人分道揚鑣。

「二戰」結束後，大兒子去尋找他失散多年的親人。遺憾的是，他的父母都已死在集中營裡；弟弟也因為被那個銀行家告密，隨後被處死。

這位猶太商人無疑是很聰明的，他很明白「利益之交」不可靠，所以他讓兩個兒子去找那位鄉下朋友，雖然那位朋友已經好多年沒有再聯繫了。可惜，他的小兒子自作聰明，最後反倒是誤了自己的性命。

朋友分為三種：第一種為利害上的朋友，也就是我們說的「利益之交」，第二種是經濟上的朋友，我們可以稱之為「通財之義」；第三種是「道義之交」。

「利益之交」，交情全都繫之於利益，算不上真正的朋友；「通財之宜」說的就是朋友之間可以互通有無，不計較錢財得失，這是非常難得的；而最可貴的就是「道義之交」了，相識、相交全在本心，完全沒有一絲利害雜質。

「蝴蝶胸針」的靈魂

人們常說：「千金易得，知己難求。」或許你從僕如雲、一呼百應，但未必有一個知音；或許你高朋滿座、珠璣妙語，但知音不是虛位以待就能得來；或許你在親情的環繞下，有人噓寒問暖，但他們不一定真的懂你；或許你佳人攜子、如花美眷，但愛人不一定能善解人意。「高山流水」的典故體現著千百年來人們對這種情誼的渴求——「知音」。

戰國時期，身為晉國大夫的俞伯牙與楚國的樵夫鍾子期偶然相遇。伯牙操琴，其意在高山。他彈琴的手剛停，鍾子期馬上感慨地說：「多美啊，展現在我眼前的巍峨高山！」

伯牙不語，又彈奏一曲，其意在流水。餘音尚存，鍾子期讚嘆道：「多美啊，我的面前又展現出一條浩浩蕩蕩的江河！」

俞伯牙驚喜若狂，慶幸自己總算找到了「知音」。他們於是結為「契友」，不顧身分、地位的懸殊，以兄弟相稱。不幸鍾子期因病去世，俞伯牙聞知「五內崩裂，淚如湧泉，傍山崖跌倒，皆絕於地」。而後他又到鍾子期墳前跪拜，揮淚為已故的「知音」彈了一首悲哀的曲子，以弔唁亡友。他感到從此再無「知音」了，於是悲憤、絕望地將琴弦割斷，將琴摔碎，終身不再彈琴。

茫茫人海，找一個朋友容易，獲得一個「知己」卻很難。「知己」是和我們同心合契、共創奇蹟的那個人；「知己」是同我們和諧相處、分享成果的那個人。常言道：「人生得一知己足矣。」「知己」是生命的另一半，是人生「項圈」上那顆最耀眼的鑽石。

德國大音樂家貝多芬和舒伯特之間的友誼被傳為千古佳話：兩人共同生活在維也納三十年之久，雖然只見過一次面，卻成為「知己」。

在貝多芬的事業如日中天時，舒伯特只是一個默默無聞的音樂創作者。貝多芬生性孤僻，舒伯特深知他的個性，所以從不敢貿然造訪。直到後來，因為一位出版商的盛情邀請，舒伯特才帶著一冊自己的作品前去登門拜訪。不巧的是，恰逢貝多芬外出，舒伯特只好留下作品，悵然而歸。

然而，當貝多芬患病後，有一天，友人想調解他的寂寞，隨手拿起桌上的一冊書放在他的枕邊，讓他翻閱消遣。這冊書正是舒伯特留下的作品集。貝多芬馬上被其中的作品吸引住了，細心吟味了一會兒，大聲叫道：「這裡有神聖的閃光！這是誰做的？」友人告訴了他舒伯特的名字，貝多芬對其大加讚賞。貝多芬彌留之際，托人把舒伯特召至床前說：「我的靈魂是屬於舒伯特的！」

貝多芬死後，舒伯特終日鬱悶。第二年，他也告別了人世。臨終的時候，他向親友傾訴遺願：「請將我葬在貝多芬的旁邊！」

後人對他們之間的友誼給予了最美好的讚譽，並為他們豎起了並立的銅像，至今該銅像仍屹立於維也納廣場上。可見，真正的友情並不依靠事業、禍福和身分，不依靠經歷、地位和處境，它在本性上拒絕功利、拒絕歸屬、拒絕契約，它是獨立人格之間的互相呼應和確認。所謂「知己」，就是彼此心靈相通的人。

「知己」之間的交往並不局限於同時代、同年齡段的人，雖然這些人相對來講更加與你接近。但是有時，一旦與「前輩」或「晚輩」成為「忘年交」，這段友誼就會發出耀眼的光芒。

羅曼・羅蘭廿三歲時在羅馬同七十歲的梅森堡夫人相識，後來梅森堡在她的一本書中對這段忘年交做了深情的描述：

「要知道，在垂暮之年，最大的滿足莫過於在青年心靈中發現和你一樣向理想、向更高目標的突進，對低級庸俗趣味的蔑視……多虧這位青年的來臨，兩年來我同他進行最高水準的精神交流，通過這樣不斷的激勵，我又獲得了思想的青春和對一切美好事物的強烈興趣……」

只有心靈的高度契合才能讓人產生如此強烈的心靈震撼，彷彿與「知己」的交往，能夠使人煥發出對於青春和生命的極大熱忱。在這樣的「靈魂之交」中，一切外在的形式，如年齡、身分、經歷、成就都顯得十分渺小，甚至微不足道，這就是「知己」的力量。

「知己」對於我們的重要意義之一，就是把我們的精神生活提到日常事務的枯燥單調之上，賦予平凡的生活以意義，使得它具有一種精神的投射、溫和的超越、趣味的昇華。

有這樣一則故事，它和電影史上的一部經典影片一起，打動過世間無數男女的心：

他初見她的時候，已經是三十六歲的中年男子；而她，還是一個廿三歲的女孩，瘦削的身材，性格矜持、內斂。他第一眼看見她，心就有一種微微的顫動。

他們都是演員。那是他們第一次合作，分別飾演戲中的男女主角。那時，他已是好萊塢的大牌明星了，是人們心中的偶像。而她，還是個「名不見經傳」的小人物。用現在的話說，她還是第一次「觸電」。

因為這部戲，他們兩人天天聚在一起。她在他的面前，有時候喜笑顏開，顯得溫順嬌小，而有時候又是那麼的冰冷孤傲，拒人於千里之外，彷彿沒有誰能夠走進她那敏感而脆弱的內心世界。在那次合作裡，他忽然發覺自己已經分不清戲裡戲外了。

那是一次成功而經典的合作。在拍戲之餘，他們常常在黃昏時分，沿著附近的一條靜靜的小河散步。一輪明月升上來了，它含笑看著樹蔭下那兩個並肩而行的年輕人，清澈而明淨的河水，也一天又一天悄悄偷聽著他們的話語，被那真摯而純淨的心聲打動得發出潺潺的聲響。

那時候，他的第一次婚姻已走到了盡頭。他多麼渴望得到她的愛情啊！然而，從小受到父母離異傷害的她，對離了婚的他感到害怕，因而遠遠地離開了他，有情人終沒能成為眷屬。

一九五四年九月，當她結婚的時候，他千里迢迢地趕來，參加了她的婚禮。其實，她的丈夫也是他後來給她介紹的，那是他的一位好朋友。他送給她的結婚禮物是一枚蝴蝶胸針。

後來的某一天，六十三歲的她在睡夢中「飛」走了。而他來了，他來看她最後一眼，他心中那個永遠嬌小迷人，眼睛裡總是盛滿了憂傷的女孩。

又是十年的光陰匆匆流過，他得知要在著名的蘇富比拍賣行義賣她生前的衣物、首飾的消息。八十七歲高齡的他拄著拐杖，顫巍巍地前去買回了那枚陪伴了她近四十年的胸針——那一年他送給她的「蝴蝶胸針」。現在，它溫暖著他的胸膛。

終於有一天，他也閉上了眼睛。相信在他進入「天國」的時候，他也同時看見了他的「天使」——他們第一次合作的那部電影叫《羅馬假期》，她是電影史上永遠讓人魂牽夢縈的「公主」奧黛麗・赫本。而他，就是被譽為「世界紳士」的葛雷哥萊畢克。他們超越愛情之上的純潔友情永遠讓這個世界為之唏噓動容。

「知己」之誼，因為超越而變得崇高和聖潔，也因為聖潔和崇高而更增添了分量。

這正應了一句古話：「人生得一知己足矣。」「知己」不僅能驅除痛苦還能帶來快樂。

王羲之的《蘭亭集序》中有幾句關於閒談的話：「悟言一室之內」「放浪形骸之外」「曾不知老之將至」，真是道出了知己相聚、隨意閒談之樂。對此話極為欣賞的錢伯城先生便寫了一篇文章，題為《聊天乃人生一樂》。文中寫道：

「朋友相聚，樂在聊天，若相對無言，就樂不起來了。我所喜歡的，清茶一杯，二三其人，互無戒心，話題不著邊際，議論全無拘束，何妨東拉西扯，亦可南轅北轍。乘興而來，盡興即散。」

有這樣的「知己」，達到這樣一種人生境界，那「孤獨」二字便可在人生的「字典」裡消失得無影無蹤了。

深度修煉「朋友圈」，簡單，更簡單

有人說，「人脈」是設計出來的，從完善自己的內心世界、強大自身能量，到與他人接觸過程中佔據主動性，在該「進攻」的時候「進攻」，該「防禦」的時候「防禦」，每一步都需要訓練！

第一步：畫出自己的「人脈網路圖」。

要想擴充自己的人脈，並非是一朝一夕之事，所謂「謀定而後動」，必須先有一個總體規劃，從宏觀上審視自己的「人脈網路」，以此做到把握全域、成竹在胸。

將自己周圍的人際關係一「網」打盡、一「圖」囊括，能夠讓你瞭解你的「人脈」現狀，分析「人脈」前景，以此規劃「人脈」拓展的方向，對於將來如何進一步行動做到心中有數。

「人脈網路圖」，並不一定是真正的「圖」，也可能是表格，也可能就是一堆記錄，一個電話簿、名片夾。形式可以多樣，但它們都應該有這樣的功效：清楚展現自己現在的「人脈」狀況！至少能夠回答：認識了多少人，都是些什麼人？

首先，對自己的「人脈」進行歸類。既有「人情關係」，也有「人際關係」，所以將「人脈」的第一層分類就依此劃分，「人情關係」為一類，「人際關係」為一類。不過，這兩種屬性並非截然不同的，在很多人的身上都兼而有之，所以你可以按照自己當時的期望進行分類。凡期望積累感情的，無論是親戚、同學、朋友，還是客戶、同事，都可以算作「人情」關係一類；凡是近期之內和自身的工作有較強的相關性，可能對自己的事業發展有利的關係，就把它放在「人際關係」一類。

需要注意的是，不同時候，同一個人也可能在不同的類別裡。接下來，做第二層分類，這要按照認識的來源來分類。同學一類，親戚一類，工作後的朋友一類，客戶一類，等等。這樣下來，從源頭理起直到各個分支，脈絡分明、一目了然，可以清晰地梳理各種「人脈」關係，明確每個「節點」對應「人脈」在「網路」中的位置。

使用「試算表」進行這項工作，管理起來非常方便，無論是增刪添減還是修改資料都很容易，所以首推這種方式。

然後，按照分類，把自己能夠想起來的人一個個地「對號入座」。這可不是簡單地寫上名字就行了，還應該記錄對方的基本資訊，例如工作、職位、聯繫方式，可能的話還包括比較私人化的資訊，例如家庭、婚姻狀況，是否有老人和孩子，事業的發展前景，興趣特長在哪方面，他們的「人脈」如何，等等。越是重要的人，其資訊越是要詳細，以便於之後做針對性的處理。為了表格形式上的簡潔，每個名字應當做成「超連結」，一「點擊」就可以看到其資訊介紹。

掌握這些資訊，除了正面的瞭解之外，還要注意側面的探尋，如同中醫療法裡的「望、聞、問、切」，靈活選擇方式，綜合運用，儘量全面地瞭解每一個你結識的人。這是個不斷積累的過程，不必急於一時，免得讓對方感覺你為人太過功利。只要有心，就能逐步地建立起自己的「人脈資料庫」。

最後，對資訊進行匯總，不斷更新。每隔一段時間，就應該審查一下自己的「人脈網路圖」。比如，你認識的朋友有多少人？哪些是你熟識的人？哪些人很久沒有往來了？哪些人是新結識不久的？統計這些數字，讓自己心中有「數」，再前後比較一下，就能看出自己現在「人脈」方面的總體狀況如何，發現問題所在，據此指導並修正自己下一步的行動。

還有臨時性的需要跨類別的匯總工作，例如，按照自己近期的「人脈」需求匯總，哪些人對自己有直接的幫助，哪些能夠提供意見指導。這種臨時性的匯總往往能夠讓自己真正從「人脈」中收到實效。另外，及時地更新資料是必要的。現代社會日新月異，節奏很快，個人的發展也是如此，往往「士別三日，當刮目相看」，所以要不斷地追蹤「人脈網」中每個人的新狀況。

毋庸諱言，有需要淘汰的，同時更有需要添加和豐富的，及時更新這些資訊，據以調整自己的「人脈」拓展部署，才能讓「人脈網路圖」真正發揮其最大作用。

正是這「三步走」的方法，讓你能迅速建立起自己的「人脈網路」，當有閒暇時，你可以對照著你的「人脈網路圖」，看看哪位朋友久未聯繫，應當致電問候；每當你需要幫助的時候，也去看看它，就會發現原來「救星」離你是如此之近。這樣會讓你感到生活的充實，沒有孤獨，對未來充滿信心。

第二步：「把自己丟進人堆裡」——擁有高品質「人脈」的幾大管道。

「人脈」重要，高品質的「人脈」更重要，很多人看似「朋友滿天下」，平常聚在一起喝酒吃肉、一呼百應，可是真正遇到有事需要人幫忙時，卻沒有一個能幫上忙的。

為什麼會這樣？因為你的「朋友圈」層次太低。

孫悟空初出道時，交遊也很廣，「天下的妖精」都是他的朋友，平常大家聚在一起逍遙快活，可是遇到他「大鬧天宮」惹下大禍時，能幫他的人就不多了。為什麼？因為，他的那些朋友也都是妖精，即使有些法力，也能量有限。等他開始保護唐僧去西天取經時就不一樣了，因為有了前面在天庭任職的經歷，認識了大大小小的神仙，這時候再遇到難題就直接上天去「找關係」了，即使遇到「六耳獼猴」、「大鵬金翅雕」這樣的高手，也還有「如來」可以幫忙解決。

可見，高品質的「人脈」是做事成功的關鍵。

怎樣才能結識那些高品質的「人脈」呢？有這麼幾個有效途徑：

第一，進修培訓。

現在有很多高級的商業培訓班，比如一些大學舉辦的MBA進修班、管理諮詢進修班、研究生進修班、外語培訓班等等。有人會用很輕視的口氣說，我本身已經是研究生畢業，在社會上摸爬滾打這麼多年，才不會去參加那些無聊的培訓班呢。錯了，這些學校除了給你一些專業知識的培訓外，它們更是結交成功人士的好地方。「英雄不問出處」，很多成功人士未必受過高等教育，當他們的人生到了一定的階段，會覺得知識不夠用，這時候他們需要「充電」，而這些培訓班往往就是他們的首選。

在這樣的地方，你雖然沒有了學生時代的那份純真，但是在這裡你一樣能交到真正的朋友，會對你以後的事業大有幫助。當然你要懂得去甄別，在「同學」中間找到真正適合你的發展的朋友。

第二，參加行業聚會。

每個行業都有些固定的行業聚會，這些行業的領軍人物往往會出現在這種場合。如果你想要在自己的行業中大展拳腳，一定不要錯過這些場合，它們可是你結交同行的最好地方。在這些地方，大家因為都是同行，有共同的話題。你可以在輕鬆的交談中得到很多對自己有用的資訊，結識更多的行業翹楚。在這裡你要注意的是，雖然是聚會，人們也都是為了結交朋友來的，但是因為大家是同行，互相之間的競爭是免不了的，所以要儘量避開那些敏感話題，儘量不要打聽和商業機密有關的事情，否則一不小心，會弄得別人處處提防你。

第三，參加「大人物」的生日招待會。

社會各界的精英、名流往往都會出現在這種場合，在這種地方如果你能結識到一些人，他們往往會成為你一生中真正的財富。只是「大人物」往往都比較難接近，你首先要選擇好準備結交的對象，然後最好是找到合適的人把你引薦給對方，這樣就會讓你與他的見面顯得不那麼生硬，而且一般情況下，對方也很少會在有第三者介紹時拒絕和你交談。

要想進入這些場合，你還要進行必要的社交禮儀方面的培訓，瞭解出席這種活動的規則和禁忌。另外，很多「大人物」都會有些不同於別人的習慣，你在接近他們之前，最好先作一些適當的瞭解，這樣就能避免你們的交談淡而無味。

第四，參與比較大的社會活動。

這些活動一般都是由一些固定的成功人士資助舉辦的，往往會有很多他們的朋友來捧場，你也可以在中間認識一些對你有幫助的人。這類活動往往是某一個重要人物的社交圈子的體現，在這種場合，你要學會找出中間最重要的人物。如果你能有機會接近他們，和他們建立某種聯繫，往往那裡所有的人都會成為你的朋友。

除了這些地方，你還可以根據你的需要去有針對性地認識一些你需要認識的人，儘量打造好你的「人脈圈」，那時候，你就會像「孫悟空」一樣，有什麼事，乘著「筋斗雲」就能找到幫助你的人了。

第三步：定期清理和優化你的「人脈」，保持你的「人脈圈」的品質。

一個高品質的「人脈圈」是什麼樣的呢？就是保證每個在「圈子」中的人在關鍵時刻都能幫上你的忙，讓「圈子」中的每個關係「節點」都保持有效性。關於這一點，可以用「二八」法則來加以闡述。通常當你真正發生財務危機時，百分之八十的所謂朋友不但不會主動借錢給你，還會不接電話，甚至躲得遠遠的；

大概還有百分之二十的朋友，願意給你正面的影響和幫助；但改變你命運的朋友，不會超過百分之五。

這樣看來，你大可不必對「人脈圈」中所有的人都一視同仁，更不要把精力和信任放在「酒肉朋友」身上，而應該抽取八十%的時間用在最重要、最牢靠、對人生有影響和幫助的二十%的朋友身上，努力認識關鍵或重要的人。正如已故管理大師德魯克所說的：「清理你的『人脈』就像清理你的衣櫃一樣，只有將不合適的衣服清理出衣櫃，才能將更多得新衣服放進去。」同理，只有不斷地認識那些能夠改變或幫助你的人，才能構建高品質的「人脈資源庫」。

因此，你需要做的就是，**定期清理和優化你的「人脈圈」**。如果你對你的「人脈」關係不聞不問，那麼你的人際關係就可能惡化、流失甚至變質。「人脈圈」可以說就是一個「大染缸」，它可以把你「染紅」，也可以把你「染綠」，它可以是一個良性的環境，也可以是一個惡性的沼池。建立一個良好的「人脈圈」，並定期對其清理和優化，在這樣的「人脈關係網絡」中成長，你一定會成長得無比健康；而如果你的「人脈關係網絡」被「污染」了，惡習遍佈，人人猜忌，互為禍害，那麼你的一生就有可能為之所毀。

平時，不妨多想想：你和誰在一起的時間更多一點？跟誰在一起對你的成長更有利、更有幫助？你「人脈」中的這些成員對於你的人生和事業有什麼樣的作用？他們能夠提供給你的資訊是正面的還是負面的？你像現在這樣同他們交往下去，一段時間以後，你是會有所進步，還是會停滯不前或者乾脆倒退呢？

這些問題的答案，就是你要採取措施的依據。具體而言，你可以參照以下幾個思路來清理和優化你的「人脈圈」：

首先，多花點時間和精力與合適的人交往，把不適合自己的人從自己的「人脈圈」名單中剔除。那麼，哪些人是合適的人呢？這取決於你的目標和任務，也要看他們的本質和文化素質。凡是能使你的前行向著有利的方向發展的，便是適合你的人，對於這些人，你要花費心思使他們留在你的「人脈」中；同時，多結交對你的發展有益的人，並努力保持和他們關係融洽。

其次，多結交那些比你更成功的人，與他們在一起你會受益匪淺。因為他們是成功者，來自他們的影響多是帶領你靠近成功的，所以一定要善於與這類人交往，並與他們成為「知己」。要經常向他們請教，懇請成功的人幫助你制訂利於你取得成功的計畫。

最後，認識關鍵和重要的人物。當然，首先要開放你自己，從各種管道入手，而不是僅僅局限於你經常接觸的「圈子」，除非你本身已經是個很高端的人物了。

如此一來，你的「人脈網」將健康發展、良好發揮，在這些成功的思想和極具人生意義的行為規則指引下，你的各方面都會越來越成功。可以說，經營「人脈」是一門大學問，並不是喊幾句口號、發幾次誓就可以實現的；經營「人脈」，要有比較高的思想道德品質、心理素質、知識素質、能力素質甚至身體素質以及良好的溝通能力。

總之，只有不斷地認識那些能夠改變你或幫助你的人，才能構建高品質的「人脈圈」。

既然是「誤會」，就要去解決

很多事情就是因為「不說」才容易產生「誤會」，如果「誤會」不及時澄清，就會越積越深，容易把矛盾激化，使之成為職場生涯的「殺手」。

「小誤會」不解除，一不小心，就會讓自己陷入更大的「誤會」旋渦中。

古希臘有個寓言：驢和蟬是好朋友，蟬歌聲好聽。驢想學唱歌，但蟬不會教牠，驢只能偷學。牠注意到一個細節：蟬每天只喝露水充饑，也許只有這樣才能唱歌。於是，驢每天也只以露水充饑，結果沒幾天，驢就餓死了。蟬失去了好朋友，痛苦不已。

故事中，蟬不會教驢唱歌，驢卻以為蟬不肯教，這是個「小誤會」。驢看見蟬只喝露水，就意味能唱好歌，這是一個「大誤會」。蟬沒有把「小誤會」澄清，讓「小誤會」向「大誤會」轉化，「大誤會」沒有及時澄清，結果讓「大誤會」轉化為悲劇。可見，別輕視「誤會」，有「誤會」就應該及時澄清。

首先，**「誤會」是一種毒藥**。與同事有了「誤會」，就應該及時澄清。「小誤會」是「慢性毒藥」，會破壞你與同事之間的友誼，損害你在他們心中的地位；「大誤會」是「劇烈毒藥」，這是「小誤會」轉向「大誤會」的必然結果，會「毒害」你的前途，影響你團隊的業績，這無疑是一種「事業自殺」。

「誤會」是種「毒藥」，它一不小心就會成為一種「隱形的殺手」，殺人於無形，損人於無蹤，害人於無影。所以，有了「誤會」，就應該馬上澄清，切忌放任「誤會」發展，不要讓「小誤會」變成害人的「毒藥」。「誤會」及時解決，才能讓你和他人相處融洽。

然而，**「誤會」也可變成一種「良藥」**。「良藥苦口，利於病」。何謂「病」？「缺信」，乃病也。有時候，產生「誤會」不是一件壞事，及時地澄清「誤會」只會讓你更有威信和地位，更能贏得別人的尊重。也許你與對方之間會產生一定的尷尬，但畢竟能挽回彼此的信任，這是「治療」你與對方之間信任的「良藥」。

古代，鄭樵是個才華出眾的人，但就是為人過於正直。康熙聽說此人很有才學，想升他為高官，可鄭樵一無考中，二無親故，就怕這樣升他為高官，朝中肯定有人不服氣。

一天，康熙剛在朝中提出這個想法，有幾個大臣就慌忙阻撓。他們早有耳聞皇帝很喜歡此人，也在暗中考量此人的學識。

有人說：「皇上，此人沒有學識，並無文采。一日，我乘轎，就在其門口，擺出百兩賞銀，出了題文，卻未見其出來應考。可見此人胸無點墨。」

也有人說：「無才也罷，無品更令人惱。那日，我見他棄老婦人於河邊而不顧。此人不孝，難為父母官。」

康熙頗為驚訝，感覺其中必有蹊蹺。於是，他命人帶鄭樵前來，當朝詢問自己心中的疑慮。

鄭樵義正詞嚴地說：「百兩題文，我並非不會。」

康熙令其當場念讀，鄭樵一念滿堂喝彩。康熙不解：「此等好文為何不去參選？」

鄭樵說：「我好文，但豈能為錢而作文？那日我身無銀兩乘船，只得留母，自己游河過去。為的是到河對岸上山採藥，醫治我母親之病。」

鄭樵此話一出，眾臣皆服。康熙甚為高興，恩賜他為朝中高官。

鄭樵的「誤會」及時解除，不僅獲得了滿堂喝彩，還讓他仕途如意。身在職場的人也一樣，難免會和同事產生「誤會」，只要及時澄清了，不僅不會讓你失去什麼，反而會得到對方的尊重。既然是「誤會」，又有什麼不好澄清的呢。即使會尷尬一下，但對尷尬一笑而過，沒什麼好丟臉的。

「誤會」不管是「良藥」還是「毒藥」，只要你擺正心態，有了「誤會」及時澄清，才不會讓「小誤會」向「大誤會」轉化，才不會讓原本不必要的「誤會」激化升級為不可調和的矛盾。「誤會」不及時澄清，于己於人，都大為不利。有了「誤會」時，何不微微一笑，及時將「誤會」澄清呢？

第八章 你拚命追求的，不是別人為你計畫好的

你是一個獨特的人，要扮演一個無人能替代的角色

你是一個獨特的人，你會為這個世界做出有意義的貢獻。每一個人都懷著一個目的來到世間，你來到這裡是有原因的，你在這個世界上要扮演一個無人能替代的角色。你來這裡所要做出的特殊貢獻，就是做你真正愛做的事。當你在做你真正愛做的事時，你就是在追隨你的更高目標，你的生活就會充滿越來越多的喜悅、豐裕和安寧。

找到你真正熱愛的工作能讓你輕易地創造財富，你的人生事業就是要你用自己的時間和能量來做你喜愛的事。當你在做你喜愛的事時，你就會感到充滿活力、快樂和滿足；你會散發出喜悅，並吸引來許多美好的事物。你可以依靠做你不喜歡的工作賺錢，但這需要你付出更多的努力。用你的時間和能量去做你不喜歡的事會減少你的財富能量；而喜愛你所做的事確實會更容易地帶來財富能量。

想像有兩個園丁在照料他們的植物。一個喜愛植物的園丁在必要時就會去除草、修剪、鬆土，他會看護這些植物，連最小的細節都不放過。他會懷著愛心照料每一株植物，盡他所能地讓它們能夠茁壯成長、結出果實。

而另一個園丁則怨恨這項工作，只有在不得不做的時候他才去照看它們，對它們漠不關心。雖然兩個園丁都會有收穫，但與那位不喜歡植物的「園丁」相比，喜歡植物的園丁種的植物當然會更美麗、更多產。除了得到報酬外，他也能感到種植植物是一種樂趣；而另一個園丁則會覺得，要想獲得即使很少的收穫也要付出辛苦的勞動。

你喜愛的活動包括：

（1）在做你真正適合的工作時運用技藝和才能。

這項工作可以有許多不同的形式，在你人生的一個時期內某一份工作是你真正愛做的事，而在其他時候則是別的事。例如，一個人的人生事業是激勵他人，幫助他人發揮出最大的潛能。當他在做侍應生、打雜工、店員、倉庫保管員時，他總是快樂地鼓勵別人，幫助他們發現自己的力量。後來，他開始從事寫作，寫了許多勵志書籍，鼓勵人們盡自己所能快樂地生活。

當他的書出版之後，他成為一個受歡迎的演講者，在全國各地作勵志演講。雖然他的工作隨著自己的成長而改變和發展，但他在自己所做的每一種工作中都發揮了他的最高技藝——激勵他人。

當你在開創你的人生事業，感受到它帶給你的生機和活力時，你就會重新認識到什麼是你真正願意做的。你會覺得生活有了更大的意義，你正在做出寶貴的貢獻。你會擁有一個引人注目的願景或目標。你會在自己生活的每一個方面都感覺更快樂。你的工作會讓你更充分地表達你是誰，它會幫助你成長和發展。

（2）你可以在你所做的任何工作、在你扮演的任何角色中做出有意義的

貢獻。

你可以灑播善意，用你的內在光明「觸及」你遇到的每一個人。你不一定要有一份工作，甚至不一定要從事商業活動才能做你愛做的事。你可以通過社區活動或個人愛好來體現它們。你可以把養家糊口當作真正愛做的事，來幫助你的孩子的生命能量進入到更高的秩序中。當你的生活充滿了有意義的活動，你就會散發出喜悅和愛，你就會對「豐裕」具有吸引力。

你可以擁有讓自己感到滿足和滿意的工作。

你可以在生活中的每一天都感受到活力，同時又賺到錢。你可以在一個對自己有幫助的環境中工作，你樂於與周圍的人相處，做著你喜愛的事情。當你運用你的獨特技藝時，你就能吸引來賺錢的機會，它們能讓你充分地表達自我，會向你發出挑戰，並激勵你。當你做你喜愛的事情時，你就會影響你身邊其他人的生活，甚至會給世界帶來更多的光明。當你在做你喜愛的事情時，你就是在實現你來這世界所要完成的目的。

無論你喜歡做什麼，都會以某種方式幫助到他人，因為當你在運用你的最高技藝時，你就會自然而然地為他人做出貢獻，這就是「能量循環」之道。當你服務他人時，無論你在做什麼，你都充分發揮了你的才能和技藝，你的工作和服務就會是別人需要的，而成功就會流向你。即使你在做自己喜歡的事情，並沒有得到太多的金錢，你還是要相信自己的內心，追隨你的更高目標，因為它會給你帶來更多的財富能量。

（3）學會覺察自己所做的每一件事情，將你周圍的能量帶入更大的和諧、美麗和秩序中。

做你真正愛做的事會為你的覺悟和靈性的成長提供一個載體，因為當你喜歡你所做的事情時，你就會自然而然地專注並覺察你的活動。

通過關於理想生活的夢境或幻想，你的人生事業會向你顯現。你也許夢想著自己能投身大自然、環球航行、寫一本書、作曲、繪畫、花時間訓練一個體育項目、養家糊口或教授課程。你或許想要創業或為別人提供諮詢。無論你的夢想是什麼，你最深的渴望和夢想都來自於你的靈魂。你的靈魂不受你現在身分的限制，它能看見關於「你是誰」的更廣大的畫面，並知道你這一生可能實現什麼。

它通過給你有關理想生活的夢境來向你展現你的潛能和方向。不要把你的幻想當作是一廂情願的想像而丟棄。要重視它們，把它們當作是來自你生命最深處的訊息——你能做什麼，你能選擇什麼方向。

真正適合你做的事情也許不只是一份你現在可以找到的工作，它或許是一份你將要開創的工作。找到機會，感覺哪裡有新的需要，並創造滿足這些需要的形式，這都是你能掌控的。當這種機會抓住，你就會有一種越來越強烈的願望，想要去從事新的工作，這份工作將賦予你和他人力量，它將帶來挑戰使你進一步成長，並給你機會把你周圍的能量帶入更高的秩序中去。

三十歲以前，學會行業中必需的一切知識

當今社會流傳著一句話：「不學習就意味著被淘汰。」的確，在競爭日益激烈的今天，一份工作你不幹，會有更多的人在排隊等著幹。如果你不能熟練掌

握自己行業內的一切知識，那麼到最後你所面臨的結果只有一個，那就是「走人」。也就是說，只有我們在行業內成為不可替代的人物時，我們才會有「職業安全感」。

三十歲之前，我們必須要熟練掌握本行業的知識。一個人起點的高低並不重要，重要的是懂得該如何打造自己的核心本領，讓自己成為行業內的「領頭羊」。也許我們的天資一般，也許我們的機遇不好，但這一切都不重要，只要你能夠擁有強大的學習能力，就等於擁有了在當今社會的競爭力，你就會不斷地突破自我，成為某一領域的最強者或創新者。

特別需要注意的是，時代是進步的，今天的知識並不一定能解決明天的問題，所以你需要保持與時代同節奏的發展。如果你停止了自己學習的腳步，那麼你必然會被時代所淘汰。

時代是在不斷發展著的，如果不能熟練掌握本行業的知識，那麼你遲早會被時代所淘汰。要知道，你的學歷只能證明你的過去，只有那些不間斷學習的人，才會成為時代不可缺少的人才。

那麼，我們該如何掌握行業中必要的一切知識呢？簡單地說，可以通過以下幾點來實現：

第一，抓住各種學習的機會。當學習機會存在的時候，千萬不要猶豫，一定要趕快邁出第一步。珍惜學習機會會使人的心靈變得更加富有。

第二，熟悉多元的學習方式。如果平時工作量很大，有時還要佔用業餘時間完成工作，那最好選擇利用週末和一段相對集中的時間參加學習，很多高校都有在職人員進修班。如果你的工作時間較為穩定，業餘時間充裕，那麼建議你選擇利用平時的晚上和週末上進修班。這樣既不影響日常的工作，也不會因參加學習而造成更大的壓力。

第三，養成終身學習的習慣。當學習成為一種習慣，而不是被迫的行為，才能激發我們更大的熱情和激情。

學習是一種態度，持續學習更是人們的一種執著精神的表現。未來的職場競爭將不再是知識與專業技能的競爭，而是學習能力的競爭。一個人如果善於學習並且樂於不斷學習，那麼，他的前途將不可限量，他的地位也永遠不會被別人替代。

制訂合理的「充電」計畫

有人這樣形容自己的培訓感想：「聽聽激動，想想衝動，回去一動不動。」

在如今的職場上，「充電」已經變得越來越重要。的確，面對激烈的人才競爭，我們要學會學習，不斷地進行自我增值，否則就會如同耗損的電池一樣失去了自我的價值。特別是對於剛剛邁入職場的年輕人來說，要想在職場中闖出自己的天地，那麼「**能力**」將是主要的「進攻武器」。

可是當人們都認識到了「充電」的重要性時，新的問題又出現了：很多人在「充電」的過程中「亂充電」、「充錯電」，這樣一來，輕者浪費了自己的時間成本、金錢成本和精力成本，重者則讓自己的職業生涯陷入窘境。

那麼，我們如何在有效的時間裡制訂合理的「充電」計畫，使「充電」的效能達到「最大化」的同時還不耽誤工作，為個人成長和職業發展推波助瀾呢？

首先，**「充電」的定位要準確**。職場「充電」定位不可盲目。在選擇「充電」時，首先要認真分析一下自己所在的領域對人才有什麼標準和要求，諸如學歷、工作經驗、專業背景等，然後按市場要求調整自己的「充電」方向和方式。此外，「充電」一定要選擇能使自身價值得到提升的專業或項目，千萬不要僅僅為了一張文憑而去學習。

其次，**「充電」的目標要明確**。很多職場人在選擇「充電」的時候都存在這樣的想法，就是「多一個證書沒壞處」。因此，市場上流行什麼，什麼證書「最吃香」，他就學什麼，結果取得了很多證書，似乎什麼都能幹，競爭力增強了，其實不然。這樣的「充電」對個人來說不僅是金錢和時間上的浪費，更關鍵的是很容易把自己的職業觀念引入歧途。首先，有一大堆不成體系的證書之後，就會覺得自己經是一個「通才」了，什麼都能做，但到底自己最擅長什麼，最適合做哪一行呢?他們還是不清楚，還是會很迷茫。

最後，**「充電」的時機要明確**。「充電」的方向是對的，可是卻在一個錯誤的時間來進行，結果事倍功半。這也是職場人常常會犯的毛病。合適的「充電」，選擇在不合適的時機，也是一個誤區，不僅增加了投資成本，還浪費了時間，本來這段寶貴的時間可以用在「刀刃」上的。這裡的「時間節點」，主要指的是一個人職業發展的特定時間階段。在不同的階段，根據自己職業發展的狀況、專業水準、工作能力以及今後一段時間職業發展目標，來選擇恰當的培訓，這才是上策。

我只期待最美好的事情發生，而它真的發生了

「我只期待最美好的事情發生，而它真的發生了。」——相信你有能力創造出自己想要的事物，並知道你值得擁有它，且能以許多方式展現。

舉個例子，假設你想要一個「新家」，但你認為自己沒有足夠的錢。但與其放棄，不如就好像「錢已足夠」那樣採取行動。開始想像你理想中的家或公寓，然後去看房，就好像你有錢買房一樣。然後，一遍又一遍對自己描繪你「完美的

家」。儘管你一開始並沒有買房的錢，但你想要「新家」的意願會創造出任何可能的改變。當你的意願強大起來，你就會開始吸引某些人和事。你的能量就會被這個意念牽引著強大起來。最終，你會吸引來各種機會。而如果你不清楚自己的意願，不採取實現它的行動，這樣的機會就不可能出現。

有個女孩想找個市區的住所，她一個月用於租房的錢最多只有人民幣三百元，但是在市區內，即使是一間和別人合租的小房間，月租金也不低於五百元，而且她還養了一隻貓。

她的朋友們都不相信她能找到這麼一個地方，然而，她沒有理睬這些。她渴望在兩個星期內找到住處，所以開始在心中清晰地描繪她想要的房子。她不斷地告訴自己，這很容易做到。她開始想像那個「理想中的公寓」的樣子，並吸引它前來。

有一天，她感到有一股想出去散步的衝動，出門後她遇到了一個女人，這個女人正坐在一座房子的臺階上。不知出於什麼原因，她想要告訴這個女人自己正在找一個住的地方。結果，這個女人竟然就是這所房子的房東，房子裡有一個單間，正好符合她的要求。

房東並不想靠出租公寓來賺錢，因為不喜歡以前的租戶，所以決定除非有合適的租戶，否則就不再出租（**該公寓已經空了兩年了**）。她們很合得來，這個女人同意讓她搬進來，她可以養她的貓，月租金正好是三百元。

所以說，「信任」是意念世界和物質世界之間的「紐帶」，它保證一個想法從產生到彰顯之間的不間斷性。要認識到，你的夢想在意識層面已經「成真」了；它們只是在等待顯現在你的物質世界中的最佳時機。

（1）當自己走對了路，「門」就會打開，「巧合」就會發生。

當你沒有走對路，或沒有在追求你更高的目的，你就會感到寸步難行、諸事不順。當你在追隨屬於你的道路時，你的能量就會流動，你的生活通常會過得很安逸。當然，這並不意味著你不會遇到任何障礙。你的挑戰是，要認清這樣的障礙是意味著你要重新審視自己的道路從而尋找新的道路，還是為了幫助你培養毅力和耐心等品質。答案並不容易找到，要知道，什麼時候該向前衝、什麼時候該另尋出路，這來自於經驗和自我覺知。

要想分辨障礙只是你成長的一部分，還是在告訴你要另擇他路，有一個方法，就是審視自己想要成就什麼。如果你的目標讓你感到愉快，或克服障礙會讓你有一種喜悅感，並且你知道這樣做會給你帶來自己想要的事物，那麼克服這樣的障礙就是適當的。有些人喜歡迎接挑戰，因為當他們真的得到了自己想要的事物時，超越這些障礙會增強他們的成就感。

如果你一直專注於自己想要的事物，當時機合適時就要採取行動，障礙很可能會自行消失。如果克服障礙就像是一種痛苦的掙扎，這很可能是在告訴你，還有更好的方法可以達成目標。你視之為障礙的這些環境常常會把你引向另一個方向，結果那是一條更好的道路。障礙也會是為了保護你，防止你過早採取行動，或者讓你注意可能被你忽略了的東西。在你邁出下一步之前，它們也給你機會去處理所有需要處理的問題。

（2）坐在那裡相信是不夠的，要採取行動來展現你的信任。

因為你生活在一個有形的物質世界裡，所以你要想擁有自己想要的事物，就要採取行動。通過將你的觀念付諸行動、獲得回饋、看到結果來培養你的信任。每當你願意冒險，你就增強了信任自己的能力。

如果我有「一億」，我能幹什麼

我們每個人都希望自己是富有的，可真正致富的人卻少之又少。「給你一個億，你能幹什麼？」這句話常常能把人問得張口結舌、啞口無言，讓人一時間無言以對。有不少人平時口口聲聲地說，要是有足夠的錢，我就能如何如何，但是真的在他們面前放上「一億」，真正能合理利用這些錢的人卻少之又少。如果你不相信，不妨用這句話來問問自己：「我有一個億，我能幹什麼？」

在加拿大蒙特利爾市，有一條很著名的街道叫聖勞倫斯街。在這條街上，有一家同樣著名的燻肉店。這家燻肉店在當地既不占先機，也不是主流，但它卻開得很有特色，很有名氣。

它的名氣甚至使它成為該城市的一個亮點，不僅當地的食客很多，外地來的客人也不少。很多旅遊雜誌甚至把它列為蒙特利爾市的一個重要景點，各地遊客都湧到了這裡，使這裡每天都要出現排隊候餐的盛況。

這家燻肉店其實就是另一種形式的速食食品店。這裡可供選擇的主食也很簡單，除了麵包夾燻肉的三明治食品，還有烤牛排或牛肝，但最出名的當然還要數燻牛肉。

這些東西的價格很便宜，也就是四加元至七加元左右，這在當地僅相當於一個漢堡包的價錢。此外，它既是「老外們」可以接受的主流食品，又與當今最流行的漢堡包風味迥然不同。

據說，這家店做燻肉非常拿手，堪稱「蒙特利爾一絕」。店裡做的燻肉都是選上等牛肉為原料，製作過程也相對複雜。他們要先將牛肉醃十天以上，然後再燻製十個小時。由於配料用的是祖傳秘方，因此更增加了它的神秘色彩。

所以，該店做出來的牛肉的確很香、很嫩，也很鬆軟。

這家燻肉店在競爭激烈的飲食界傲然挺立，已傳了三代，生意一直都很紅火。曾有人問店主，為什麼不加開很多連鎖店呢？老闆笑著說：「我們祖祖輩輩都是擅長做燻肉而已，對於開連鎖店，確實不太適合。」

如果你用心去觀察那些成大事的人，他們幾乎都有一個共同的特徵，那就是不論才智高低，也不論他們從事哪一種行業、擔任何種職務，他們都在做自己最擅長的事，他們都清楚自己該做什麼。

一八八八年，作為銀行家的里凡・莫頓先生成為美國副總統的候選人，一時聲名赫然。一八九三年夏天，美國一位部長詹姆斯・威爾遜先生到華盛頓拜訪里凡・莫頓。

在談話之中，威爾遜偶然問起對方是怎樣由一個布商變為銀行家的。

里凡・莫頓說：「那完全是因為愛默生的一句話。事情是這樣的，當時我還在經營布料生意，業務狀況很平穩。但是，有一天，我偶然讀到愛默生寫的一本書，書中這樣一句話映入了我的眼簾：『如果一個人擁有一種別人所需要的特長，那麼無論他在哪裡都不會被埋沒』。這句話給我留下了深刻的印象，使我改變了原來的目標。

「當時我做生意，與所有商人一樣，難免要去銀行貸些款項來周轉。看到了愛默生的那句話後，我就仔細考慮了一下，覺得當時各行各業中最急需的就是銀行業。人們的生活起居、生意買賣，處處都需要金錢。天下又不知有多少人為了金錢，要翻山越嶺、吃盡苦頭。

於是，我下決心拋開布行，開始創辦銀行。在穩當可靠的條件下，我儘量多地往外放款。一開始，我要去找貸款人，後來，許多貸款人都開始來找我了。」

一個人由於找錯了職業以致不能充分發揮自己的才幹，這實在是件可惜的事情。但是，只要他能夠認識到這個問題，就算晚了一些，也仍然有「東山再起」的希望。只要你找到正確的方向，就完全有可能走上成功之路。到那時，你一定會感到自己的生活和思想都煥然一新。

據調查，有廿八%的人正是因為找到了自己最擅長的事業，才徹底掌握了自己的命運，並把自身優勢發揮到淋漓盡致的程度。這些人也自然都跨越出「弱者」的門檻，從而邁進了「成大事者」之列。相反，有七十二%的人正是因為不知道自己的「對口職業」，而總是彆彆扭扭地做著自己不擅長的事，因此，不能脫穎而出，更談不上「成大事」了。

在穿衣服的時候，如果我們把第一顆鈕扣扣錯了，那麼下面的扣子肯定會跟著出錯。同樣，在人生中，如果我們前進的方向沒有選對，那麼不管我們多麼勤奮和努力，最終的結果也不會如意。方向選錯了，你付出的努力越多，那麼你就越偏離你想要達到的方向。

有一個非常勤奮的青年，他很想在各個方面都超越別人。經過多年努力，仍然沒有長進，他很苦惱，就向智者請教。

智者叫來三個弟子，囑咐說：「你們帶這位施主到五里山，打一擔他自己認為最滿意的柴火。」

年輕人和三個弟子沿著門前的江水直奔五里山。智者在門前等他們，首先回來的是那個年輕人，扛著兩捆柴。智者讓他在一邊休息。

一會兒，兩個弟子用扁擔各擔四捆柴也回來了，另外一個小弟子最後回來，他從江面駛來一個木筏，上面載著八捆柴。

年輕人見狀，請求說：「我開始就砍了六捆，扛到半路，扛不動了，扔了兩捆；又走了一會，還是壓得喘不過氣，又扔掉兩捆；最後我就把這兩捆扛回來了。可是大師，我已經很努力了。」

「我和他恰恰相反，」那個大弟子說，「剛開始，我倆各砍兩捆，我和師弟輪換擔柴覺得很輕鬆；最後，又把施主丟棄的柴挑了回來。」

划木筏的小弟子說：「我個子矮，力氣小，別說兩捆，就是一捆，這麼遠的路也挑不回來，所以，我選擇走水路，自己打造了一個竹筏。」

智者用讚賞的目光看著弟子們，微微頷首，然後走到年輕人面前，拍著他的肩膀，語重心長地說：「一個人要走自己的路，本身沒有錯，關鍵是怎樣走；走自己的路，讓別人說，也沒有錯，關鍵是走的路是否正確。年輕人，你要永遠記住：選擇比努力更重要，選錯了方向再努力也是失敗。」

通向成功的道路有千萬條，但你要記住：所有的道路，都是你自己選擇的結果。一步錯，步步錯，你有什麼樣的選擇，也就決定了今後會擁有什麼樣的人生，你今天的現狀是你幾年前選擇的結果。成功與失敗的區別也就在於此，**成功者選擇了正確的方向，而失敗者選擇了錯誤的道路**。

很多時候，我們總是在做一些無謂的努力，就好比我們想要尋找金礦，卻妄圖在海灘上挖掘，這樣做的結果就是我們只能挖出一堆堆的沙土，而絕對不可能找到金子。因此，不要在不必要的地方付出你全部的精力，若要有所收穫，必須選擇正確的目標。有時候，不妨停下前進的腳步，看看自己努力的方向是否選擇正確了。

如果把人的一生看作是一次旅行的話，那麼我們首先要做的就是設立一個目的地。有了奮鬥的目標，我們才可以沒有負擔地勇往直前。向著目標努力才不會

「迷路」，否則做再多盲目的努力都是徒勞無用的，這正是那麼多人容易迷失自我的原因。

美國著名的建築設計大師賴特曾經向人們講述了他小時候的一件事。那時候賴特剛滿九歲。在那年的冬天，有一次賴特跟著他的叔叔去鄰村辦一件事情。在途中，他們經過了一塊積雪覆蓋的田地。

當他們兩個人走過雪地後，賴特的叔叔突然把賴特拉住了。他讓賴特回頭看看他們留在雪地上的腳印。這時候，賴特發現，在田地上，自己的腳印歪歪扭扭，而旁邊叔叔的腳印，卻如離弦之箭的軌跡，從雪地一端筆直地延伸至另一端。

叔叔指著他們的腳印認真地對賴特說道：「你看，一路上，你先從樹籬邊開始走，走著走著卻不知怎麼就拐到了牛棚的邊上，又從牛棚的邊上再折到了另一面的小林子裡。在小林子裡，你看見鳥兒，就不時地跑上去扔幾團雪。現在你看看你自己留下的腳印，亂成一團，根本就看不出你是要去哪裡。」

這時候，叔叔又指著他自己的腳印說：「你看我的腳印，看上去清清楚楚，沒有走一點彎路，直接通向我們想去的地方。孩子，記住，這是個重要的教訓。」

很多年以後，賴特在提及這段小事對自己的影響時說：「從那天起，我認識到，決不能為了一些瑣事而錯過生命中最重要的東西。要像我叔叔那樣，一旦定下目標，就要一直朝著那個方向前進，決不能中途迷失。」

的確，沒有什麼比迷失方向更為糟糕的事了。因為沒有一個具體的方向，人就會不知道何去何從。所以說，目標就是力量，奮鬥才會成功。古今中外凡是在智慧上有所發展、事業上有所成就的人，無不有著明確而堅定的目標。

有位哲人說：「**決心攀登高峰的人，總能找到道路。**」當一個人下定決心之後，往往沒什麼能阻止他達到目標。強烈的動機可以驅使人超越諸多困境，「無須揚鞭自奮蹄」。人一旦有了成功的渴求，就會產生強烈的使命感與責任感，並為之拼搏，從而找到自我。因此，對於即將三十歲的人來說，如果你還不能找到自己前進的方向，那麼也許你這一生都會因此而衰敗；而如果你有了前進的方向，那麼在未來的道路上，你就能勇往直前，獲得最終的勝利。

清華大學校長曾送給畢業生一段話：「在未來的世界裡，方向比努力重要。」的確，缺乏明確方向的人生是毫無希望的。當你有了一個明確的方向時，你會發現你的頭腦如此清晰、明確。

新事物的來臨需要時間，而你卻放棄得太快

當你在等待某樣事物來臨時，要堅定自己的信心，培養自己的勇氣，並學會根據你得到的內在指引採取步驟和行動。

（1）事情在適當的時候出現也很重要，最好是你為它們的到來已做好了準備。

如果你想要的事物來得太早，當時的情形可能還不適合「開花結果」；如果它來得太晚，它全面發展所需的一些機會可能已經錯過了。就像是一顆決定在

寒冬發芽的種子，對於這棵植物來說時間還太早，此時發芽，幼苗也許還不夠強壯，無法生存。如果種子等到夏末才發芽，可能在秋冬來臨之前它已沒有完全生長的時間。選擇時機非常重要，並且會給你帶來很多驚喜。

回想一樣你以前想要卻沒得到的東西，你很可能會認識到，它在當時對你並無幫助。如果你想要創造的一些事物在不適當的時間或以錯誤的形式被創造出來，可能它們就會阻礙你。然後你就需要擺脫它們，擺脫它們所需花費的時間和能量會讓你不再專注於你所走的道路。

培養信心非常重要。時刻想著你的目標，不斷努力向它邁進，而不是期望它即刻就有結果。你不一定總能知曉自己的內在指引正在將你引領向何方，你可能覺得根據指引而採取的一些行動不會給你帶來你所期望的結果。

要相信你的內在訊息正在指引你實現你的目標，即使你此刻並不知道如何實現。

要相信，如果你所要求的事物有益於你實現更高的人生目的，你就會得到它，並且已經發生的一切正在幫助它來臨。不要用暫時得到多少金錢來衡量努力的結果，而是要看到你是多麼喜愛自己正在做的事，你的行動會賦予你更多的人生價值。當你繼續追隨自己的內在指引，並做自己覺得有意義的事時，你就會實現自己的夢想。

要相信，你正處於得到你所要求的事物的過程中，或者你可能已經得到了它的本質。你所吸引來的事物都是為了教你解決某些問題，並幫助你獲得更多活力和成長。你並不總是需要物質結果才能做到這些。

如果你還沒有得到你正在吸引的事物，那就再次查看你想要的事物的本質，並看看你是否已經以某種方式得到它了。回顧你想創造它的真正目的，並檢查這個目的是否已經以其他方式實現了。

（2）當你想要給予或接受愛和奇蹟時，你唯一要做的就是擁有這樣做的意願。

回想你曾為他人創造的一個奇蹟——也許你送給某個人一份禮物，這份禮物對他或她來說不僅很有價值而且正是他或她需要的。

回憶你對這個人愛的感覺——奇蹟來自於你心中的愛，奇蹟也把愛帶給你。那個人一定很願意接受你的禮物，這樣愛的能量才得以完成。如果他或她無法接受，那麼奇蹟就不會發生。

當你想要給予或接受愛和奇蹟時，你唯一要做的就是擁有這樣做的意願。去尋求最高最大的願景，用願景和愛去提升你的人生價值，聚集你的零散能量。

如果你想要什麼，那就要求你的靈魂向你展現愛與信心。

有時候，你的心靈就站在通往奇蹟的路上。你的心靈很擅長列計畫、制定目標和將事物視覺化等事，在你吸引了某樣事物之後，為了加快過程和創造奇蹟，你就要敞開心懷。相信你自己，熱愛他人，並且每天都用行動來展現你的愛。

盡你所能地去愛別人。待人親切善良，說出愛的話語，寬容不尊重你的人，對別人抱著愛的想法，用你的言行來表達你對他們的尊敬。不要評判或批評，相反，每時每刻都尋找愛的機會。要記住，當你周圍的人滿懷愛心時，你愛別人就很容易；當你周圍的人缺乏愛，你是否能依然愛他們，這就是你的挑戰。

當你懷著愛和同情心對待他人，你就會吸引來機會、金錢、更多的人、奇蹟，甚至更多的愛。愛將你置於更高的流動之中，並為你吸引來美好的事物。當你在新的領域中敞開心懷時，你對美好的事物和豐裕就會具有更多的吸引力。

奇蹟會出乎意料地發生，帶給你超乎想像的事物。當你不再執著於外在的某些事物並信任你的內在指引時，它們通常就會隨之發生。奇蹟常常因你生命最深處發出求救的呼喚而來臨。危機常常會創造奇蹟，因為它呼喚你靈魂的最深部分進入意識。你的靈魂總是在照看你，給予你愛和指引。

當你靜下心來，進入內在，你就會從你內在的最深處獲得答案。當你進入內在，奇蹟就會發生。

生命本身就是最偉大的奇蹟。你就是奇蹟，你可以創造出你想要的任何事物，這是另一個偉大的奇蹟。對於你所能擁有的，你並沒有障礙，也沒有限制。唯一的限制就是你能為自己描繪什麼，你能為自己要求什麼，你相信自己能擁有什麼。

第九章 你這麼優秀，一定走了很多「孤獨」的路

忍受「孤獨」，不如享受「孤獨」

自從社交網路興起，智慧手機普及後，我們留給自己的時刻變得越來越少。

手機「一刷」，便是整個世界的資訊爆炸在眼前，按一次轉發，我們就成了這世界資訊的一處驛站。千里之隔的親朋，有網路就能視頻聊天，獨居一隅也不再是什麼孤僻的事情了。「孤獨」變成一種稀少的感受了。

每個人都有自己的活法，誰都願意在自我的價值觀體系中求得圓滿。有人覺

得活出情趣才有意思，有人覺得坐擁錢權才有意義，彼此去說服對方與彼此笑話對方一樣沒有意義。走自己的路，穿自己的鞋，讓別人去說吧。與其在別人那裡糾纏不清，不如在自己這裡深懷耐心。每一個腳印的驕傲與屈辱、從容與掙扎，只有自己知道。

人若想走得很遠，就要與志同道合的人結伴前行。但，真正的遠方，一定是一個人走出來的。所有在頂峰的人，都是「孤獨」的。而所有最終在頂峰上堅持下來的人，都在享受那份「孤獨」。

生活中，不必把客套的話當真。

客套，究其本質，更多是一種溫暖的逢場作戲。戲散後，你得及時回到現實中來。儘管「客套話」比「空話」實、比「假話」真，但終究大多是「廢話」。人散後，只需「走人」，無須「走心」。

因為，說過的話，即刻已成煙雲。人在客套中，會有一些世故和圓滑，但心底整體是向善的。偌大塵世，如果連這點客套都沒有了，世態才真的是炎涼了。當然了，真心對你的人，不跟你客套。客套，說明彼此還有距離。這段距離恰好說明了：這個世界沒有無緣無故的好，只有不鹹不淡的關懷。

在客套裡認真，顯得天真。同樣，客套到隨便，又顯得不夠莊重。說到底，客套是一種禮貌，它看起來推心置腹，你聽起來還得鄭重其事。這種事，說破了沒意思，較真就更沒意思了。

你需懂得，亦莊亦諧，亦收亦放，也是一種很好的生活態度。

是的，去享受「孤獨」。「孤獨」成就著人生，也圓滿著人生。

讀書，是一個「孤獨」在等待另一個「孤獨」

在現代社會，人們都會說「讀書是為了增長知識，因為知識是最強大的武器」。但事實上，很多人讀書急功近利的思想很嚴重，學生當然因為教育制度的原因在這方面是表現最明顯的，讀書就是為了應付考試，考個好成績；有的職場中人也有這樣的想法，為了考個資格證書，那就突擊某項專業知識，可是等資格證書拿到手，那些專業知識早就忘得一乾二淨了。

這也是在很多人身上出現的現象，就是很多人讀書沒有一個長遠的計畫或者目標，總是抱著應付差事的態度，現在需要了就讀一讀，不需要了就擱置一邊。這樣的結果是，他們並沒有真正體會到讀書的美妙之處，反而應付差事的印象更加深刻了。

如果把那些為了拿文憑、提升自己職業素質的閱讀，我們稱之為「有用」的閱讀，那麼那些為了生命、為了塑造完美的人格、追求高深的修養的閱讀看起來就是「無用」的閱讀了。

其實，在古代，在那個科舉考試壟斷教育，只有讀書、考取功名才能出人頭地、光宗耀祖的時代，人們更有理由急功近利，更有理由將有用的閱讀進行到底。但事實上並非如此。先秦的孔子、孟子、墨子的觀點，認為讀書是為了提高品德情操，增長知識才幹，使自己成為「賢人」、「君子」乃至「聖人」；宋朝朱熹的學說，主張讀書要「明天理」。從孔子到朱熹，都反對人為消遣和利祿名譽而讀書。

在曾國藩的身上，我們不止看到這一點，他主張治學的目的應在於「修身、齊家、治國、平天下」，或叫作「進德」與「修業」。

在給弟弟們的信中，曾國藩說：「吾輩讀書，只有兩事：一者進德之事，講求乎誠正修齊之道，以圖無忝所生；一者修業之事，操習乎記誦詞章之述，以圖自衛其身。」可以看出，他一方面繼承了孔子、朱熹他們讀書治學的思想，另一方面卻有了自己的創新，他並不拘於朱熹的「性命」「道德」空談，而繼承了宋朝陳亮「經世致用」的思想，認為讀書大可報國為民，小可修業謀生，以自衛其身。因此，可以說在為什麼讀書的問題上，曾國藩是在繼承古代各種觀點的合理因素的基礎上，提出了較為客觀、切合實際的新的讀書觀。

首先，曾國藩明確表示自己讀書不是為榮辱得失，而但願成為讀書明理的君子。「衛身」、「謀身」是人最起碼的生理需要，它與追求功名利祿有著本質的不同，曾國藩是反對為一體之屈伸、一家之饑飽而讀書的。因此，他認為讀書又以「報國為民」為最終目的：「明德新民止於至善，皆我分內事也。若讀書不能體貼到身上去，謂此三項，與我身毫不相涉，則讀書何用？」

曾國藩的讀書志向是進德修身，再拓展開來就是在成就自己的同時也成就別人，雖然有著很重的明哲保身的思想，但是本著「報國為民」的思想讀書，在那個年代已經是相當難得了。

也正是抱著這種「不為聖賢，便為禽獸」的志趣，曾國藩才從一個「朝為田舍郎」到一個「暮登天子堂」再到一個「中興以來，士人而已」的封疆大吏，成就了他的非凡人生。

反觀現今時代，讀書可以開闊眼界，可以蕩滌心靈，可以提升修養，最後改變的是你看問題的角度，想問題的層次，面對問題的態度。因為我們很難改變這個世界，而讀書則可以很好地改變我們自己，進而讓我們去適應、去創造、去改變這個世界，實現我們的人生價值。

一言而概之，讀書就是為了更好地滋養自己。

有這樣一個故事：有一個徒弟去問他的師傅，一碗米值多少錢？師傅說：「這太難說了，這要看這碗米在誰的手裡。要是在一個家庭主婦手裡，她往裡面加點水，蒸一蒸，半個鐘頭一碗米飯就做出來了，這就是一塊錢的價值；要是在有點頭腦的小商人手裡，他把米好好泡一泡、發一發，分成四五堆，用粽葉包成粽子，就是四五塊錢的價值；要是在一個更有頭腦的大商人手裡，他把米適當地發酵、加溫，很用心地釀成一瓶酒，有可能是一二十塊錢的價值。」所以，一碗米到底值多少錢，因人而異。

如果我們每個人是「一碗米」，那麼我們是選擇趕緊把自己變成米飯兌現了呢，還是用「這碗米」精心釀造成一瓶酒？把自己變成米飯很容易，只需要二十分鐘，幾乎不可能失敗；把自己釀造成酒，則需要花費很長的時間，中間可能會出現很多導致失敗的因素，需要我們花費更多的精力去維護它。一碗米飯也就是一塊錢的價值，而一瓶酒則是十幾塊錢、幾十塊錢的價值，我們願意選擇那個方式呢？其實，讀書就是把自己「這碗米」逐漸釀成酒的過程。

一個人如果有動機在背後激勵著他，他就擁有了前進的動力，所以說，我們讀書一定要明確自己的目的。有了實現理想的動機，就需要我們付出不懈的努力。在這個過程中，要不斷地用自己定下的目標激勵自己，這樣一來，我們就有了前進的動力。在動力的驅動下，我們就可以充滿激情地向著成功的目標邁進了。

徐宗文先生談到讀書的三重目的——「為知，為己，為人」。「為知」，就是為了積累知識，增長學問、見識和智慧；「為己」，就是古人所說的修身正己，培養自己的人格、道德和情操；「為人」，就是熱愛生活、勤奮工作，運用書中所學的知識造福社會。

所以說，充實而有意義的人生，應該伴隨著讀書而發展。誠然，讀書的目的是拓寬人的視野，增長知識，鍛煉才能，提高修養和欣賞水準，但更重要的是學會怎樣做人和提高自身的道德品質。

「旅行」的意義

身處異地，享受著與平日生活截然不同的浪漫情調，你的內心必將充滿感動，你那顆自由的靈魂不在世俗裡掙扎，而在浪漫中涅槃重生。

旅遊是一件很感性的事情，一個人，穿越心靈之旅。「自助遊」也好，參加旅行團也好，其實，一個人上路，不會孤獨。你會發現，有很多志同道合的朋友就在你身邊。條件最為艱苦的地方，往往才是風景最好的地方。西藏、新疆、尼泊爾、非洲等地都留下了人們的足跡。跋山涉水，徒步穿梭，呼吸新鮮的空氣，尋找陌生的風景，與不同文化背景的人微笑招手，身臨其境那傳說中的理想國度，這一切都成了旅遊的真諦和收穫。

「旅行」有時候也只是一種心情的釋放，好比沉在水底的魚兒，在雷雨到來之前感覺煩悶，迫切地想要到水面上透一口氣。遠離一個城市，奔赴另外一個城市，無論這個城市給你「好」與「壞」的感覺，但有一點不變的是，對於未知的風景，我們總抱著憧憬和好奇。旅行可以滿足我們的「窺視欲」，我們「窺視」

著每個城市不一樣的節奏與表象，我們窺視十年之後的同學、老友的現實與心理的變化，從而獲得一種現實的平衡。

「旅行」的意義是給平淡無奇的生活打開一道縫隙，這縫隙裡有青草和花香的氣息。無論是身居高層的精英，還是身處基層拼搏的「小白領」，以及那些在「物欲」中掙扎的人，他們明明知道「長假」期間人多車多，旅行一次也很累人、累心，可是又無法抑制那顆平時被繁瑣生活壓抑得想「反擊」的心。那麼，一次遠行，即是一次與平淡生活「反叛」的開始。

「旅行」，有時候也僅僅只是為了讓自己的生活多一點「偶然」，打破一成不變的生活規律。錢永遠賺不完，平日裡的各種壓力，一天天地累積在人的心底，終究會在一個合適的機會來臨時，以一種近乎歡呼雀躍的姿態去迎接它。無論是住新的酒店，還是坐一趟陌生的班機，想像自己的身影曾經在某個城市歇息過一晚，在某個地域的上空穿梭過，那麼這個地方對我們來說就不那麼陌生了。

「旅行」的意義，也可以是陳綺貞歌裡關於愛情的纏綿悱惻，也可以是過盡千帆的滄桑心態。人生短暫，稍不留神，曾經唾手可得的東西立刻會變成遙不可及。「旅行」，就是抓住生活的每一朵浪花，然後在回憶裡串成最美的記憶，照耀日後荒蕪的歲月。

二十歲的時候，可以將「旅行」變成情感沙龍，在「旅行」中整理敏感的思緒；三十歲時，去專屬於自己的「旅行」地點，在遊歷中沉澱日漸繁雜的心情；四十歲時，告訴自己除了家庭還要記得有夢想沒去實現；等到了五十歲時，需要仍然保有對未知世界的好奇心，提醒自己：最美的風景可以在不懈的追求中，也可以永遠保留在心裡……

「旅行」不僅帶給我們認識世界的機會，更帶給我們實現美好夢想的天空。

世上「有味」之事，很多，很多

很多人問，「情趣」從哪裡來？我要怎麼做才有「情趣」？

世上「有味」之事，很多，但總包括了詩、酒、哲學、愛情等，也許很多人認為它們沒用，他們只知道「有錢能使鬼推磨」，只有「錢」才是萬能的，「有味」、「沒味」，誰會在意？甚至有人還會拿出「百無一用是書生」的論調來反駁。但縱觀歷史，吟「無用」之詩，醉「無用」之酒，讀「無用」之書，鍾「無用」之情，終於成「無用」之人的人，卻反而活得更有滋有味，創造出屬於他們的人生的精彩。

著名的山水詩人謝靈運，一生醉心於「山水詩」的研究與創造，崇尚生命的恬靜安然。他在長達一生的仕途坎坷之中，常有醒悟，也用「真性情」磨練過自己，終於成為中國歷史上著名的「山水詩鼻祖」。

田園詩人陶淵明，他不樂意做官，不肯為「五斗米」折腰，用詩書打點自己的一生，「不戚戚於貧賤，不汲汲於富貴」，吟「無用」之詩，醉「無用」之酒，讀「無用」之書，一生寫了大量的「飲酒詩」、「詠懷詩」、「田園詩」，因而成為古典詩詞的典範。

又有很多人說：沒錢還玩什麼「情趣」？其實，**亨利・梭羅說過：「我們來到這個世上，就有理由享受生活的快樂。」**當然，享受生活並不需要太多的物質支持，因為無論是窮人還是富人，他們在對幸福的感受方面並沒有很大的區別，我們可以通過攝影、收藏、其他業餘愛好等各種途徑培養自己的生活「情趣」。

生活可以很平凡、很簡單，但是不可以缺少「情趣」。一個懂得幸福生活的人可以從做家務、教育孩子、為愛人買「情人節」禮物等平凡的生活細節中體驗到生活的快樂。一個很富有的人的生活不一定有樂趣，一個很貧困的人也能把自己的小日子過得有滋有味。

過一種「靈魂修養的生活」

一碗米飯，一碗白開水，皆是生活的顏色。在喧囂、平淡的日子裡心如止水；在粗茶淡飯裡咀嚼生活的味道。擁有一顆平常的心，簡簡單單地過日子。日久天長，在這「平淡」之間，你會發現，「平淡」並不意味著枯燥，其中蘊藏著大的驚喜、難忘的奇蹟。

享受靈魂修養的生活，是要努力去豐富生活的內容，努力去提升生活的品質。愉快地工作，也愉快地休閒。散步、登山、滑雪、垂釣，坐在草地或海灘上曬太陽。在做這一切時，使雜務中斷，使煩憂消散，使靈性回歸，使親倫重現。

一位得知自己將不久於人世的老先生，在日記簿上記下了這樣一段文字：

「如果我可以從頭活一次，我要嘗試更多的錯誤，我不會再事事追求完美。

「我情願多休息，隨遇而安，處世糊塗一點，不對將要發生的事處心積慮地計算著，其實人世間有什麼事情需要斤斤計較呢？

「可以的話，我會多去旅行，跋山涉水，再危險的地方也要去。以前不敢吃冰淇淋，是怕健康有問題，此刻我是多麼後悔沒嘗過它的味道。過去的日子，我實在活得太小心，每一分、每一秒都不容有失，太過清醒、明白，太過合情合理。

「如果一切可以重新開始，我會什麼都不準備就上街，甚至連紙巾也不帶一張，我會放縱地享受每一分、每一秒。如果可以重來，我會赤足走出戶外，甚至徹夜不眠，用自己的身體好好地感受世界的美麗與和諧。還有，我會去遊樂場多玩幾圈旋轉木馬，多看幾次日出，和公園裡的小朋友玩耍。

「只要人生可以從頭開始……但我知道，這不可能了。」

生活本是豐富多彩的，除了工作、學習、賺錢、求名之外，還有許許多多美好的東西值得我們去享受：可口的飯菜、溫馨的家庭生活、藍天白雲、花紅草綠、飛濺的瀑布、浩瀚的大海、雪山與草原等。美國詩人惠特曼說：「人生的目的除了去享受人生外，還有什麼呢？」

林語堂也持同樣的看法，他說：「生活的目的即是生活的真享受……是一種人生的自然態度。」

一個六歲的小女孩問媽媽：「花兒會說話嗎？」

「噢，孩子，花兒如果不會說話，春天該多麼寂寞，誰還對春天左顧右盼呢？」

小女孩滿意地笑了。

小女孩長到十六歲，問爸爸：「天上的星星會說話嗎？」

「噢，孩子，星星若能說話，天上就會一片嘈雜，誰還會嚮往天堂靜謐的樂園呢？」

小女孩又滿意地笑了。

女孩長到廿六歲，已是個成熟的女性了。

一天，她悄悄地問做外交官的丈夫：「昨晚宴會，我表現得合適嗎？」

「棒極了！」外交官不無欣賞和自豪之情，「你說話的時候，像叮咚的泉水、悠揚的樂曲，雖千言而不繁；你靜處的時候，似浮香的荷、優雅的鶴，雖靜音而傳千言……能告訴我你是怎樣修煉的嗎？」

妻子笑了：「六歲時，我從當教師的媽媽那兒學會了和自然界對話。十六歲時，我從當作家的爸爸那兒學會了和心靈對話。在見到你之前，我從哲學家、史學家、音樂家、外交家、農民、工人、老人、孩子那裡學會了和生活對話。親愛的，我還從你那裡得到了思想、智慧、膽量和愛！」

一個優雅快樂的人，會感受生活，會品味生活中每時每刻的內容。雖然享受生活必須有一定的物質基礎，努力地工作和學習，創造財富，發展經濟，這當然是正經的事。但是，勞作本身不是人生的目的，人生的目的是「生活得寫意」。一方面勤奮工作，另一方面使生活充滿樂趣，這才是和諧的人生。

享受生活，並非花天酒地，或過「懶人」的生活。享受生活，是要努力去豐富生活的內容，努力去提升生活的品質。愉快地工作，也愉快地休閒。用喬治吉辛的話說，是過一種「靈魂修養的生活」。

守住你的心靈，不急著出發到「下一刻」

到寺院禮佛敬香，內心會感受到一種異乎尋常的安寧與祥和，這種安靜不是無聲的安靜，而是內在的平靜。

很多人常說，要是心裡總這麼寧靜就好了。怎樣才能做到這一點呢？會處理生活的人，一定懂得怎樣給自己安排一片不受干擾的屬於自己的小天地。在這裡，你可以想你所要想的，做你所要做的，躲開一切你所要躲開的，逃避一切你所要逃避的。這片小天地就是你寄託靈魂或你真正找到自己的地方。

給自己的靈魂找一個寄託，那並不是消極的逃避，而正是一種積極的養精蓄銳。正如有位名人說的「我休息是為了工作」，我們也是一樣，讓靈魂去休息一下，養好它在塵間奔波所受的傷，然後再去奔波。

匆忙的生活使我們忽略了許多美好的、值得欣賞的東西，只有當你找到寄託你心靈的「處所」之後，你才能有餘情去欣賞這世界可愛的一面，才有機會去享受真正屬於你自己的人生。

享受安然的自由，守住現在，守住你自己，不急著出發到下一刻，安於此刻的存在，與身旁的玫瑰和霧中的樹木同住，並融入它們純潔、清香的「呼吸」之中。

人生天地間，本來就是自然的，成功也好，失敗也好，都是自然的，既不要歡喜過度，也不要傷心過度。自處時超脫，待人時和藹，無事時坐得住，有事時不慌亂，得意時保持一顆「平常心」。世間沒有永恆的事物，一枯一榮都有自然規律，一驚一喜事在必然，人要順應自然、隨遇而安。

既不要因遇到好事而得意，也不要因遇到不好的事情而失意。這也就是我們所說的「不以物喜，不以己悲」。它是一種思想境界，是古賢人修身的要求。即無論外界或自我有何種起伏喜悲，都要保持一種豁達隨緣的心態。

一個皇帝想要整修京城裡的一座寺廟，他派人去找技藝高超的設計師，希望能夠將寺廟整修得美麗而又莊嚴。

後來，有兩組人員被找來了，其中一組是京城裡很有名的工匠與畫師，另外一組是幾個和尚。由於皇帝不知道到底哪一組人員的技藝更好，於是就決定給他們一個機會做一個比較。

皇帝要求這兩組人員各自去整修一個寺廟，而且這兩個寺廟的位置是面對面的。三天之後，皇帝要來驗收成果。

工匠們向皇帝要了一百多種顏色的顏料，又要了很多工具；而讓皇帝覺得奇怪的是，和尚們居然只要了一些抹布、水桶等簡單的清潔用具。

三天後，皇帝來驗收了。

他首先看了工匠們所裝飾的寺廟，工匠們敲鑼打鼓地慶祝工程的完成，他們用了非常多的顏料，以非常精巧的手藝把寺廟裝飾得五顏六色。

皇帝滿意地點點頭，接著回過頭來看和尚們負責整修的寺廟。他看了一眼就愣住了。和尚們所整修的寺廟沒有塗任何顏料，他們只是把所有的牆壁、桌椅、窗戶等都擦拭得非常乾淨，寺廟中所有的物品都顯出了它們原來的顏色，而它們光亮的表面就像鏡子一般，無瑕地反射出外面的色彩：那天邊多變的雲彩、隨風搖曳的樹影，甚至是對面五顏六色的寺廟，都變成了這個寺廟美麗色彩的一部分，而這座寺廟只是寧靜地接受著這一切。

皇帝被這莊嚴的寺廟深深地感動了，當然，我們也就知道最後的勝負結果了。

我們的心就像是一座寺廟，我們不需要用各種精巧的裝飾來美化我們的心靈，我們需要的只是讓內在原有的美無瑕地顯現出來。

如果你珍愛生命，請你修養自己的心靈。人總有一天會走到生命的終點，金錢散盡，一切都如過眼雲煙，只有精神長存世間。

心靈是智慧之根，要用知識去澆灌。胸中貯書萬卷，不必人前賣弄。「人不知而不慍，不亦君子乎？」讓知識真正成為心靈的一部分，成為內在的涵養，成為包藏宇宙、吞吐天地的大氣魄。只有這樣，才能運籌帷幄之中、決勝千里之外，才能指揮若定、揮灑自如。也唯有如此，才能高朋滿座，不會昏眩；曲終人散，不會孤獨；成功，不會欣喜若狂；失敗，不會心灰意冷。才能坦然地迎接生活的「鮮花美酒」，灑脫面對生活的「刀風劍雨」，還心靈以本色。

行到水窮處，坐看雲起時

心理學家馬斯洛認為，自我實現就是一個人力求變成他能變成的樣子，即

「成為你自己」。他說：「一位作曲家必須作曲，一位畫家必須作畫，一位詩人必須寫詩，否則他始終無法安靜。一個人能夠成為什麼，他就必須成為什麼，他必須忠實於自己的本性。」

如何才算得上成為「真實」的自己？如果按照個人的出身和外界的要求去發展自我，算不上「成為自己」，那是成了外界的期待，成了「他人眼中的自己」。**成為「真實的」自己，應該是一種完成自己全部心願的狀態**。在這個過程裡，是不需要堅持或努力的，如果一個人的心願的力量足夠強大，他就自然能排除外界的一切干擾。一個人的自我實現，其實可以叫作這個人心願的自我實現。只有當一個人成為「他自己」，他的心靈才會得到安寧。

「功」是什麼？「名」又是什麼？人們害怕失去，卻總在失去，人們想要拚命得到的「保障」，卻根本靠不住。人們害怕衰老，怕自己的雙鬢生出白髮，人們害怕人生的「末路」，怕時光施捨的最後的「藍色」傍晚，人們害怕生之苦痛、死之絕望。老之將至時，人們該有多少業已實現的和還未實現的人生欲望啊，但若你擁有一顆「真性情」之心，就會拒絕欲望蝕骨虐心，面對生死，你會淡定從容。

記得有一位哲學家說過：「有錢有地位，那叫活出樣來，是低檔次的；而注重人生的『真性情』，那叫活出味來，是高檔次的。」若你能既「活出樣來」又「活出味來」，那你是人生的高手。在特殊時代的大背景下，財富和功名，需要的時候，不妨去追逐，你樂意去做，並感到快樂，沒人會阻攔你。但不要受制于財富與功名的羈絆，要能進能退、收放自如，不要像「木偶」一樣沒有自我，最後陷在悲劇的劇情裡萬劫不復。

事實上，人第一要追求的是「真性情」，是做「有味」之事，完滿的人生包括了豐富的心靈和高貴的靈魂。當你具備「真性情」的時候，你才有能力和智慧直面人生的成功或者失敗，哪怕是生死。

作家周國平說過：「愛情要的是相愛時的陶醉和滿足，而不是最後的結婚；創作也是為了陶醉和滿足，而不是『成名』、『成家』，名揚四海。」同樣的道理，如果你拼了性命地追求功名與財富，但卻過得非常痛苦，那你就已經受制於外物了，喪失自我了，那就不是「真性情」了。

京都的清晨，天灰濛濛的，將亮未亮，在西本願寺的本堂階下跪著一位年約四十歲的乞丐。天亮後，西本願寺的大門開啟，乞丐靜靜地合掌念佛，直到早課結束。

白天，他在「西六條」的新町乞食，每當有人施捨食物給他時，他便面露和顏地連說：「因緣！因緣！」

即使不給任何東西，他也如此說著，毫無慍色。偶有頑童群集在他四周，或扔石頭，或用木棍打他，甚至將他穿著的草袋撕破，他也只是說：「因緣！因緣！」不以為意。因此，街上的人都稱他為「因緣乞丐」。

到了晚上，因緣乞丐就在別人家的屋簷下過夜。

有一年正月的某個晚上，寒風刺骨。

有一個叫近江屋的商人喝醉了酒回家，途中因內急，沒注意到屋簷下的乞丐蜷臥著，竟就地對他「小解」，尿水撒了乞丐一頭一臉。

乞丐醒來，喃喃說道：「因緣！因緣！」同時跪行接近。

近江屋大吃一驚，不停地道歉，乞丐一副不敢當的樣子說：「哪裡！哪裡！是我睡錯地方驚嚇了你，這也是『因緣』。你如此向我道歉，倒使我不安。」

近江屋深為感動，當面向他許諾說：「如果在我有生之年你就死了，我一定給你厚葬。」

兩個月之後，「因緣乞丐」死在一戶人家的屋簷下，死狀極為安詳。

近江屋信守諾言，把乞丐的屍體領回家，雇人為他沐浴入殮，隆重地為他舉行葬禮，並在火葬場火化。

第二天早晨，近江屋因事未到火葬場領取骨灰，火葬場派人來通知，近江屋便請他代為處理，來人口中不停地嘖嘖稱奇，說他火化過數千人，卻從未見過如此不可思議之事。

近江屋好奇之餘，急忙趕往火葬場看個究竟，原來乞丐的遺骨全火化成如水晶般透明的紫色「舍利子」。近江屋敬佩不已，之後厚供了這些「舍利子」。

後人曾借和歌「草袋」來讚嘆「因緣乞丐」，歌云：「雖著草袋心非乞，純美猶勝冬牡丹。」

人生在世追求幸福、快樂最重要。人必須要「知足」，尤其順境要安心、自在，逆境仍要安心、自在。

人要以一種樂觀、豁達的態度去看待人生、面對生活，不執著、不強求、不抱怨、不逃避，認認真真地活在當下。「行到水窮處，坐看雲起時」，懂得「隨緣」的人，才是最懂得享受生活的人。

第十章　願你有歲月可回首，也有前程可奔赴

在人生的「遊戲」中，你要擁有生活和學習的熱情

我們在學校裡學到的東西是十分有限的，在工作和生活中所需要的相當多的知識和技能，完全要靠我們在實踐中一邊學習、一邊摸索。與學校相比，社會是一本更加博大精深的「書」，需要經常不斷地去翻閱。

在這個變化越來越快的現代社會，每個人現有的知識和技能很容易過時，只有不斷地學習，才不會被淘汰。德國設計中心主席彼得・札克說：「在人生的這

場遊戲中，你要擁有生活和學習的熱情，吸收能夠使自己繼續成長的東西來充實你的頭腦。」如果一個人不能持續地學習，就會被社會所淘汰。你只有隨時隨地地補充「能量」，擁有一種積極的學習心態才能夠充滿自信，適應社會的發展和變化。

這是美國東部一所規模很大的大學畢業考試的最後一天。在一座教學樓前的階梯上，有一群機械系大四學生擠在一起，他們正在討論幾分鐘後就要開始的考試。他們的臉上顯示出他們很有信心，這是最後一場考試，接著就是畢業典禮和找工作了。

有幾個人說他們已經找到工作了，其他的人則在討論他們想得到的工作。懷著對四年大學教育的肯定，他們覺得自己心理上早有準備，能征服外面的世界。

即將進行的考試，他們知道這是很容易的事情：教授說他們可帶需要的教科書、參考書和筆記，只是考試時他們不能彼此交頭接耳。

他們意氣風發地走進教室。教授把考卷發下去，學生都眉開眼笑，因為學生們注意到考卷上只有五道論述題。

三個小時過去了，教授開始收集考卷。學生似乎不再有信心，他們臉上出現了可怕的表情。

沒有一個人說話，教授手裡拿著考卷，面對著全班學生。教授端詳著面前學生們擔憂的臉，問道：「有幾個人把五道問題全答完了？」

沒有人舉手。

「有幾個人答完了四道題？」

仍舊沒有人舉手。

「三道？兩道？」

學生在座位上不安起來。

「那麼一道呢？一定有人做完了一道題吧？」

全班學生仍保持沉默。

教授放下手中的考卷說：「這正是我預期的。我只是要加深你們的印象，

即使你們已完成四年工程教育，但仍舊有許多有關工程的問題你們不知道。這

些你們不能回答的問題，在日常操作中是非常普遍的。」

教授帶著微笑說下去：「這個科目你們都會及格，但要記住，雖然你們是大學畢業生，但你們的學習才剛開始。」

只有不斷學習的人，才不會被社會淘汰，也只有隨時隨地對生活抱著一種學習心態的人，才能超越年齡上的障礙，戰勝生理上的老化，使自己的心態保持年輕，讓自己充滿活力。

在不斷變化的現代社會中，在充滿競爭的職場上，學習能力將會成為成就一個人的重要條件。「學無止境」，向身邊的人學習，更是終身的職責。

麥克和約翰都是一所醫學院的學生，畢業時，麥克選擇了一家省城醫院，約翰則選擇了一家市級醫院。他們為自己的選擇做出了充分的解釋。

麥克說：「省城醫院專家、教授多，接觸的病人也多，我在那裡一定能得到很大的訓練，有所成就。」

約翰說：「省城醫院人才濟濟，我們只不過是普通醫學院的畢業生，去了還不是做些跑腿、打雜的工作，能有什麼發展前途？市級醫院福利待遇也不低，而且很看重我們這些剛畢業的學生，在那裡才有前途。」

十年過去了，麥克成為省內專家，約翰到省城進修，正是跟隨麥克學習！昔日同學，今朝師徒，令人尷尬。

麥克請約翰出去吃飯，兩人邊吃邊聊，約翰不解地問：「當年省城醫院分去那麼多學生，都是非常優異的人才，你當時的成績並不突出，究竟怎麼取得今天的成績的？」

麥克想了想，拿起身邊的茶水灑到桌子上說：「同樣是一杯水，灑到桌子上很快就乾了，而盛在杯子裡就永遠留有機會。我來到省城醫院，一開始，確實像你說的，不受人重視，天天跟著專家、教授做做記錄、查病房。有些同我一起來的大學生覺得做這些事沒有用處，開始敷衍了事，可我不這樣想，我認為天天跟專家、教授在一起，即便再笨，耳濡目染也會受到他們的影響，有所進步。就這樣，一天天、一年年過去了，我就取得了今天的成績。」

約翰仔細聽著麥克的話，他若有所失地說：「說得好，你從與你競爭的對手身上看到了成功的道路，學到了成功的秘笈。當年，你從我的選擇上看到了我的缺點，你做出了正確選擇；工作後，你從那些懶惰人身上看到了失敗的影子，從中學習到了工作的方法，這比學習專業知識還要重要。而我，貪圖享受、懼怕競爭，更不懂得隨時隨地向他人學習，學習他人的優點，克服自己的弱點，說到底，缺少學習能力，才導致今日結果。」

麥克聽了，笑著說：「競爭不會結束，我們可以開始新一輪的比賽。」

此後，約翰努力向麥克學習醫學知識，也向他學習不懈追求、勇於向競爭對手學習的精神，經過多年努力，他也成為當地有名的醫生。

在充滿競爭的環境裡，學習是沒有止境的，如果你不能及時學習、把握良機，就會被社會淘汰。

瓦爾特・司各脫爵士曾經說：「每個人所受教育的精華部分，就是他自己教給自己的東西。」由此可知，學習帶給我們的財富是無法估量的。尤其是在當今這個時代，新技術、新產品層出不窮，工作對人的要求隨著技術的進步也在不斷地產生變化，標準的提高，拉大了技術發展的要求與人們實際的工作能力之間的差距。於是，出現了這樣一種奇怪的現象：一方面失業人口持續上升；另一方面各種人才越來越稀缺。隨著知識經濟時代的到來，企業對員工不再只是數量的需求，更重要的是對其品質有了更高的要求。

所以，只有抱著不斷學習的心態的人，才能夠永遠保持積極樂觀的態度，永遠走在時代的前端，才能不斷適應社會發展的需要。

所有的「希望」和「但願」，都是在浪費時間

我們幾乎每天都可以聽到這樣的聲音：「如果我當年就開始做那筆生意，現在早就發財啦！」「如果我當時勇敢地說出這個創意，那我早就出名了。」「如果……」，等等。而事實是怎樣的呢？說這些話的人既沒有發財，也沒有出名。

因為他們在有了想法的同時，並沒有採取相應的行動，所以，最後他們也只能用「如果」來安慰自己。

時間總是不停地向前發展，世界上也沒有「後悔藥」出售。所以，對於我們來說，最好的選擇就是將自己的想法立即付諸實現，「行動」是實現目標的「第一步」。

如果你的目標是一年賺十萬元的話，那麼從目標明確的那一刻開始，就應該立刻擬出必須採取的步驟。比如，到底哪個項目可以在一年內賺這麼多錢？你是否該自己創立一番事業？你自己還缺少什麼資源？並且要立即進行那些可以實現的步驟。

一天，克里斯和亞當斯在一家醫院的耳鼻喉科相遇了，他們都感覺自己的鼻子有問題。在等待化驗結果期間，兩人聊了起來，克里斯說：「如果是鼻癌，我會立即去旅行，並且，這些年沒有來得及實現的願望，我將會一一去實現。」

亞當斯也這麼表示。然而，結果出來了，亞當斯得的是鼻癌，克里斯得的只是鼻息肉。於是，克里斯留在了醫院，亞當斯則放棄了治療。

離開醫院後的亞當斯立即給自己列了一張清單，在清單上面，他一一列出了這些年來自己想做的各種事情，包括：去埃及旅遊，以金字塔為背景拍一張照片，在希臘看蘇格拉底照片；讀完莎士比亞的所有作品；竭盡全力成為哈佛的一名學生；在臨終之前寫一本書……加起來共二十多條。

為了不留遺憾地離開人世，亞當斯辭去了公司的職務，他打算用生命的最後幾年去實現清單中列出的二十個願望。

不久，他就實現了第一個願望——去了埃及和希臘。回到家中，他又以驚人的毅力通過了自學考試，成為哈佛大學哲學系的一名學生……幾年的時間裡，亞當斯已經實現了十九個願望，現在只剩下最後一個——寫一本書。

有一天，克里斯在報上看到亞當斯寫的一篇有關生命的散文，於是打電話去問亞當斯的病情。亞當斯說：「多虧了這場病，要不是這場病，我真的不能想像我的生命該是多麼糟糕。但是，現在，因為它，我的生命發生了改變，我已經去實現了我的大部分夢想，並且正在為最後一個夢想而嘗試寫作。你呢？你的夢想都實現了嗎？」

克里斯沒有回答，在醫院治好了鼻息肉後，克里斯就繼續上班，早就將那些夢想拋在腦後了。

行動大於結果，正像英國著名的前首相本傑明・笛斯瑞利所說的那樣：「雖然行動不一定能夠到來令人滿意的效果，但不採取行動一定無滿意的結果可言。」只有立即採取行動，我們才能夠離自己的目標越來越近。

在幾百年前，著名的物理學家牛頓發現了「萬有引力定律」，這個定律為我們解釋了兩個物體之間的引力關係，同時還告訴我們，當兩個物體之間的距離拉近一半時，其引力增大四倍。

這是自然科學中一個最重要的定律，它也可以應用到人文科學中，即當你確定了一個目標之後，如果你向這個目標前進一步，那麼你們之間的引力就會增大，阻力會隨之減小，並且你向目標進發得越快，你與目標之間的距離就越小，引力就越大。

所以，當你確定了一個目標後，就應該絕不拖延，立即向目標進發，這樣，你遇到的阻力就會越變越小，你的心態就會越來越積極，實現目標的可能性也會隨之增大。

沃爾特・皮特金在好萊塢時，一位年輕的支持者向他提出了一個新穎且大膽的建設性方案。這個方案顯然值得考慮，在場的人全被吸引住了，不過大多數人還是認為應該考慮一下，討論後再決定是否採用這個方案。

當其他人還在琢磨這個方案時，皮特金卻以驚人的速度開始向華爾街發電報，在電文中熱烈地陳述了這個方案。最後，一千萬美元的電影投資立項就因為這個電文而「拍板」簽約。

雖然這個方案當時吸引了所有在場的人，但是，試想一下，假如他們拖延行動，它就極可能在他們小心翼翼的漫談中自動流產。然而，皮特金立刻付諸了行動，並且可以說，因為他的立即行動，那個方案獲得了更多人的認同。

一個人的行為將會影響到他的態度，行動能夠帶來回饋和成就感，還能帶來喜悅，當一人潛心工作時，他所得到的自我滿足和快樂是沒有什麼東西能夠替代的。所以，如果你行動了，你就能找到快樂，如果你找到快樂了，就能更好地發揮自己的潛能，就會變得更加積極。

看了上面的事例，也許有人會說，我也知道立即行動很重要，可是，如果條件不成熟，行動的結果也只能是失敗，所以我是為了等待更好的、更合適的機會，才暫時不去行動。

這麼說看似很有道理，而實際上，從心理學的角度來分析，它代表的是一種逃避和拖延的心理，說這種話的人總是懷有這種念頭：希望事情順利；但願情況能夠好轉；也許沒有什麼大問題；到時候總會有辦法的；等等。於是，他們總可以找到讓自己拖延下去的理由，只要說出「也許」「希望」「但願」或「可能」這些詞，他們就能心安理得地給自己找到了不用馬上行動的最好的理由。

然而，我們需要明白這樣一個道理：所有的「希望」和「但願」都是浪費時間，都是一廂情願的妄想，依靠「希望」「但願」或者「可能」，永遠也無法獲得成功；並且，世間永遠沒有絕對完美的事，更沒有人能夠真的做到萬事俱備。如果你只是坐在那裡等待最佳機會的到來，可能你一輩子都要在等待中度過了。

許多成功的人在總結經驗時說，解決問題的辦法往往會在實踐的過程中找到。如果一味地延遲、愚蠢地去滿足「萬事俱備」這一先決條件，不但你的辛苦會加倍，還會使靈感失去應有的樂趣。古羅馬一位大哲學家曾說過：「想要到達最高處，必須從最低處開始，想要實現目標，必須從行動開始。」所以，不要將希望寄託在虛無縹緲的未來，而要用自己的雙手去實現希望。

「想」和「做」是一對矛盾體，應該說二者都很重要，缺一不可。沒有計劃的行動只會是「盲動」，而沒有行動的想法則只能是「空想」。但相比而言，有時候行動更為關鍵。因為，只有行動才是能夠獲得成功的最直接的方法，沒有行動則不可能取得成功。

有些人很善於計畫，在行動之前，他們往往習慣於把計畫設計得完美無缺，力求考慮到每一個細節的問題。然而，根本就不可能存在完美的計畫，很多問題都是在行動的過程中出現的，沒有行動的計畫只是一紙空談，沒有任何的現實意義。

制訂詳盡的計畫固然沒錯，但是如果過於追求計畫的完美，而遲遲不肯行動，則只會耗費時間，錯過最好的行動時機。很多機會都是可遇不可求的，一旦錯過了最佳的時機，則再完美的計畫也只是一張廢紙，對於成功起不到任何作用。因此，很多時候我們應該勇敢地邁出「第一步」。雖然事情看起來很艱難，但只要你勇敢地行動，總會比等在原地空想要好；而且只要有了行動，事情便會充滿轉機。傑克的故事就說明了這個道理。

傑克一家人住在一間小公寓裡，他們很渴望擁有一所屬於自己的新房子，有一個乾淨而舒適的環境。但是，買房子並不容易，因為光是頭期款就是個相當大的數字。

有一天，當傑克寫著下個月要付的房租支票時，突然想到，其實每月的房租跟新房子每月的分期付款差不多。於是，他對太太說：「下個星期，我們就去買一所自己的房子好不好？」

他的太太驚訝地回答說：「我們哪有這種能力？說不定連頭期款都拿不出來呢！」

但是，傑克已經下定了決心，他說：「有很多人跟我們一樣想買房子，他們或許也因為缺少頭期款而不能如願以償。不過，辦法是人想出來的，只要有決心，就沒有解決不了的事情。」

很快，他們找到了一所非常合適的新房子，首先要解決的問題就是籌集頭期款，但是傑克不能向銀行貸款，因為那會使他無法獲得其他的抵押借貸。

這時，他突然有了一個靈感：為何不直接找承包商談，或者要求他們提供私人貸款呢？

剛開始時，對方的態度十分冷淡，但由於傑克一再懇求、堅持，承包商終於答應把一千兩百美元借給他們，但是傑克得每月償還一百美元，利息還要另外計算。

接著，傑克開始思考每個月要如何湊出一百美元。他們和太太想盡方法，算來算去一個月可以省下的也只有廿五美元。這時，傑克想到了一個方法，他直接對老闆解釋了這件事，並希望獲得一些幫助。

傑克說：「老闆，我為了買房子，每個月要多賺七十五美元才行。我知道，當你認為我值得加薪時一定會加，可是我現在很想多賺一點，公司有些事情在週末做會更好，你可不可以讓我在週末加班呢？」

老闆為他的誠懇和努力所感動，於是找了許多事情讓他在週末加班，所以傑克一家人終於如願以償地搬進了新房子。

就像故事中的傑克一樣，當你邁出了實踐的步伐，你的生活就充滿了積極的動力。別擔心自己還沒準備好，雖然預先準備是很重要的，但有了機會卻仍停滯不前，才是自己最大的損失。

很多時候準備只是一項輔助性的工作，在很多情況下，準備並不一定能發揮其預想中的作用，而行動才是關鍵。

你敢或者不敢，機遇就在那裡

俗話說：「機不可失，失不再來。」這是一個淺顯而深刻的道理。生活中，很多人一遇到事情，他們首先的反應就是尋找保險的做法，不知所措、猶豫不決。在採取措施之前，他們會找人商量，尋求他人的幫忙與解決方案。其實，像這種沒有主見、意志不堅定的人，連他自己都不相信自己，也就更不會被他人所信賴。

這是一個值得深思的故事：

天降暴雨，人們紛紛逃生去了。然而，一位虔誠的居士卻在寺院裡祈禱，希望佛祖能夠救他。

洪水越來越猛，眼看就要淹到居士的膝蓋了。這時，遠處有一個人駕著舢板而來，對他說：「趕快上來吧，不然，洪水會把你吞沒的。」

居士不為所動，答道：「不，我相信佛祖一定會來救我的，你還是先去救別人吧！」

洪水還在繼續上漲，眼看已淹到居士的胸口了，此刻他只能站在祭壇上。不遠處，又有一個人駕著快艇駛過來，要帶他離開險境。然而，居士仍然固執己見，答道：「不，我要守住我的佛堂，我深信佛祖一定會來救我的，你還是先去救別人吧！」

沒過多久，洪水已經快把整個佛堂淹沒了。頭頂上傳來飛機飛過的聲音。飛行員丟下繩梯，對居士大聲說道：「這可是最後的機會了，快上來吧。」即使在這生死關頭，居士還是固執地說：「不，我要守住我的佛堂，我相信佛祖一定會來救我的，你還是先去救別人吧，佛祖會與我同在。」

結果，洪水沖了上來，居士被淹死了。

死後，居士來到佛祖面前，他覺得很委屈，於是質問佛祖：「佛祖啊，我終生都奉獻給您，誠心誠意地侍奉您，為什麼您不肯救我？」

聽了他的話，佛祖答道：「我已經派去了兩條船和一架飛機，你還要讓我怎樣做啊！」

這雖然是一個小故事，但是卻告訴了我們深刻的道理：在每一個人的身邊都有機會，但是它有時只會敲一次門，當它來敲門時，你要抓住它；而那些成功者，他們善於抓住每一次機會，充分施展才能，最終獲得成功，得到命運的垂青。

「成功之神」會光顧世界上的每一個人，但如果她發現這個人並沒有準備好要迎接她時，她就會從大門裡走進來，然後從窗子裡飛出去。所以，你要想取得成功，就要當機立斷地有所選擇或有所放棄。

有一天，柏拉圖問他的老師蘇格拉底：什麼是愛情？老師沒有直接回答他，而是讓他先到麥田裡去，要他摘一顆麥田裡最大、最黃的麥穗來，期間只能允許摘一次，並且只可向前走，不能回頭。

柏拉圖按照老師說的話去做了，結果他兩手空空地走出了田地。老師問他為什麼空手而回。

柏拉圖說：「因為只能摘一次，又不能走回頭路，期間我即使見到了最大、最黃的麥穗，但因為心裡不知道前面是否還有更好的，所以沒有摘；走到前面時，又發覺總不及之前見到的好，原來錯過了最大、最黃的麥穗。所以，最後我一個麥穗也沒有摘到。」

蘇格拉底說：「這就是『愛情』。」

在人生的這條單行道上，成功的機會也同樣如此。

在瞬息萬變的現代社會中，機遇可說是無處不在、無時不在的，關鍵是**看你能否把握住它**。在萌發機遇的土壤裡，每一個人都有成功的機會。面對眾多的機遇，你要啟動你的「慧眼」，然後選擇一個最有利於自己的一個機會，而徹底放棄其他的機會。有人抓住了機會，於是一躍而上，踏上了成功的「天橋」；有人一葉障目，錯失了眼前的機緣，結果一生碌碌而過。

尋找機會，就是選擇機會，而不是等待機會。不要以為可選擇的機會難尋，其實機會就在我們身邊，甚至就在我們手上。

在某天晚上，有一個人碰到一個神仙，這個神仙告訴他說，有大事要發生在他的身上，他將有機會得到一筆很大的財富，在社會上獲得卓越的地位，並且還會娶到一位漂亮的妻子。

這個人聽了很高興，於是他心無雜念地等待這一預言的證實，可是實際上什麼事也沒有發生。他貧困地度過了他的一生，最終孤獨地老死了。

在陰間，他又看見了那個神仙，他不滿地責問神仙說：「你說過要給我財富、很高的社會地位和漂亮的妻子，可我等了一輩子，怎麼什麼也沒有呢？」

神仙回答：「我沒說過那樣的話。我只承諾過要給你機會得到財富，得到尊重的社會地位和一位漂亮的妻子，可是你卻讓這些機會從你身邊溜走了。」

這個人迷惑不解，於是他說：「我不明白你的意思。」

神仙解釋說：「你記得你曾經有一個好『點子』，可是你因為害怕失敗而沒有付諸行動的事嗎？」

這個人點點頭。

神仙繼續說：「因為你沒有去行動，這個『點子』幾年以後被另外一個人想到去做了，他後來變成了全國最有錢的人。還有一次發生了大地震，城裡大半的房子都倒了，好幾千人被困在倒塌的房子裡。你有機會去幫忙拯救那些倖存者，可是你怕小偷會趁你不在家的時候到你家裡去偷東西，你以此為藉口，故意忽視了那些需要你幫助的人。」

這個人不好意思地點點頭。

神仙說：「那是你去拯救幾百個人的好機會。而那個機會能使你在城裡得到多大的尊崇和榮耀啊！可惜你也錯過了。」

「還有，」神仙繼續說：「一位頭髮烏黑的漂亮女子，你曾經非常強烈地被她吸引，你從來不曾這麼喜歡過一個女人，之後也沒有再碰到過像她這麼好的女子。可是你想她不可能會喜歡你，更不可能會答應跟你結婚，因為你害怕被她拒絕，所以就讓她與你擦肩而過了。」

這次，這個人流下了悔恨的眼淚。

神仙說：「我的朋友呀，就是她！她本來是你的妻子，你們會有好幾個漂亮的小孩，而且跟她在一起，你的人生將會有許許多多的快樂，可是你還是沒有抓住這個機會。」

的確，猶豫不決和優柔寡斷的習慣，對於每一個人來說，都是一個致命的弱點，它會給人帶來巨大的副作用。它會破壞一個人的自信心，也會影響一個人的判斷力。

其實，一個人的成功與他的決斷能力有著巨大的關係。如果沒有果斷決策的能力，那麼我們的一生，可能就像深海中的一葉孤舟，只能在狂風暴雨的汪洋大海裡漂流，永遠也無法達到成功的「彼岸」。

成功者從來不會坐在家裡等待機遇的光顧，他們會走出去，在行動中尋找機會。雖然他們並不是每一次都能如願以償，但是，他們嘗試的次數要遠遠多於那些做事猶猶豫豫的人，他們取得成功的機率自然也要大得多。

機遇是「烈馬」而不是「綿羊」，它只會被強大而有力的人馴服。在現實生活中，一旦我們發現了機遇，是否一定能抓住它並借此改變我們的人生呢？未必！所以，你要想抓住機遇，就必須勤修自己的能力。

年輕的保羅・道密爾流浪到美國時，他的身上只剩下五美分，而且沒有一技之長。他所擁有的，只是一個發財的夢想。他非常清楚，發財的希望不能靠偶然的機遇，要靠高於一般的能力。於是，他決心學會成為一個大老闆需要的各種技能。

剛到美國十八個月，道密爾換了十五份工作，每份工作的性質都不同。對任何一項工作，無論是機修工還是搬運工，他都認真對待、決不馬虎。不過，一旦他完全掌握這項工作的技能，就馬上跳槽。他不願在自己熟悉的事情上浪費時間。

兩年後，一位老闆看中了他的才幹和敬業精神，決定把整個工廠交給他管理。道密爾沒有讓老闆失望，他把工廠管理得很好，他的收入也非常可觀。可是半年後，他突然向老闆提出辭呈，跳槽到一家日用雜品廠當了推銷員。他認為，要成為一流商人，只有企業管理經驗是不夠的，還必須熟悉市場，瞭解顧客需求。推銷無疑是一份最接近顧客的工作，於是，他放棄了體面的職位和優厚的薪金，做起了推銷員。

經過幾年「修煉」，道密爾對自己的才能充滿了自信。他用極低的價錢買下了一家瀕臨倒閉的工藝品廠，經過一番整頓，很快使它起死回生，成為一家贏利狀況極佳的企業。

其後，他再接再厲，買下一家又一家破產企業，並像個「包治百病」的神醫似的，使它們重煥生機。他的財富也像雨季的河流一樣，迅速飛漲。二十年後，這位白手起家的青年輕輕鬆鬆地邁入億萬富豪的行列。

在生活中，那些終生平庸的人有一種奇怪的想法：如果遇到很好的機會，我一定能做得很好。所以，他們總是哀嘆自己沒有機會。其實，他們更應該問問自己，有沒有為機會的到來提前做好準備？

機遇的意思就是：如果你做得很好，自然就會遇到很好的機會。

好機會，大都需要付出超常的努力以獲得超常的利益。它對我們習慣的工作方式、生活方式甚至對我們認可的價值觀都可能是一個挑戰，我們需要以「非常規」的心態去看待它，並接納它。這就是抓住機遇的秘密。或者說，這就是成功的秘密。

不以物喜，不以己悲

「不以得為喜，不以失為憂」，是一種非常良好的心態。這種心態的優勢是專注於自己的事情，不因「得失」而憂心忡忡或興奮狂跳，也不要因外物的影響而大喜大悲，那樣會使我們失去冷靜。

要以一種泰然處之的心態去面對，生活是我們的導向，它能把找們從痛苦中引領出來。在沉重的打擊面前，我們需要有處亂不驚的樂觀心態。要冷靜而樂觀、愉快而坦然地面對生活中的種種問題，要學會對痛苦微笑，要坦然面對不幸。

「量子論之父」馬克斯・普朗克是十九世紀末、二十世紀前半期德國理論物理學界的權威，他在科學界頗有威望，於一九一八年獲「諾貝爾物理學獎」。

普朗克的一生並不是一帆風順的。中年的時候他的妻子逝世；在第一次世界大戰期間，他的長子卡爾在法國負傷而亡；他的兩個學生女兒也都在生孩子後不久，相繼去世。

對於這些不幸，普朗克在寫信給侄女時說：「我們沒有權利只得到生活給我們的所有好事，不幸是自然狀態……生命的價值是由人們的生活方式來決定的，所以人們一而再再而三地回到他們的職責上去工作，去向最親愛的人表明他們的愛。這愛就像他們自己願意體驗到的那麼多。」

對於自己遭遇到的一個又一個的不幸，普朗克都能正確地對待，他沒有被這些不幸擊倒，沒有忘記自己人生的意義。

後來，第二次世界大戰中不幸的遭遇再次降臨到普朗克的頭上。他的住宅因飛機轟炸而焚毀，他的全部藏書、手稿和幾十年的日記全部化為灰燼。為了逃避空襲，他只好暫居在一位朋友的莊園裡，對於失去家園、財產，他泰然處之。他寫道：「在羅格茨的生活還不算壞。」因為他還可以工作，他已經準備好了他想要進行的關於「偽科學」問題的新講演。

一九四四年末，他的次子被認定有密謀暗殺希特勒的「罪行」而被警察逮捕，普朗克雖採取了多方的求助，卻沒有取得任何效果。

普朗克在後來給侄女、侄兒的信中說：「他是我生命中寶貴的一部分。他是我的陽光，我的驕傲，我的希望，沒有言辭能描述我因他而蒙受的損失。」

他在給阿·索末菲的信中說：「我要竭盡全力讓理智的工作來填補我未來的生活。」

普朗克面對如此巨大的悲痛，仍然以泰然的心態處之，實在讓人敬佩。事實證明，他得到了世人的尊重，如果我們的心靈不斷得到堅韌、頑強、刻苦、質樸之泉的灌溉，那麼，不論我們是一貧如洗或是位卑如蟻，也可以求得心態的平和。

任何事情都有它的兩面性：成就能給你帶來快樂，也可以給你帶來煩惱。不要過分地去追求成就，也不要過分地重視自己的地位，如此你便會過得坦然而自信。

坦然是一面「鏡子」，一旦有了裂痕，就難以復原。一九八八年的漢城奧運會，詹森只用九點七九秒的時間就跑完全程。然而，經過檢查發現，他服用了禁藥，詹森的行為讓人們對他由敬佩變為了蔑視，難道是他沒有信心獲得冠軍，還是僅僅為了那點虛榮而毀壞了自己的人格？

把「冠軍桂冠」戴在詹森的頭上，這對別的運動員是不公平的，詹森缺少的是心靈深處的坦然。當你的心中擁有一份坦然的時候，你就會發現只有靠自己辛勤種植培育的花，才能開花結果，才能散發出令人陶醉的芳香。

一個人的坦然是種生存的智慧。**生活的藝術，是看透了社會人生以後所獲得的那份從容、自然和超然。**

我們通常會把不幸視為人生的逆境，抱怨命運對自己不公平，可是抱怨絲毫不能解決問題。那些在人類歷史上做出了傑出貢獻的人們，很多人都曾遭遇過不幸，經歷過刻骨銘心的痛。可是，經歷過風雨的歷練後，他們對人生有了更加透徹的認識，變得更加成熟。沒有不曾經歷失敗的人，只有不夠成熟的失敗者。

日本「經營之神」松下幸之助，他小時候在鄉下看見農民洗甘薯，不僅覺得那很好玩，而且還從中悟出了做人的道理。

在鄉下，農民用木製的特大號水桶，裝滿了要洗的甘薯，然後用一根扁平的大木棍不停地攪拌。在木桶裡，大小不一的甘薯，隨著木棍的攪動，忽沉忽現。有趣的是，浮在上面的甘薯不會永遠在上面；沉在下面的甘薯，也不會永遠在下面。甘薯總是浮浮沉沉、互有輪替。

「洗甘薯」是這樣，生活何嘗不也是這樣！松下深有體會地說：「這種沉浮浮、互有輪替的景象，正是人生的寫照。每一個人的一生，就像那些甘薯一樣，總是浮浮沉沉，人不會永遠春風得意，也不會永遠窮困潦倒。這樣持續不停地一浮一沉，就是對每個人最好的磨煉。」

「松下」品牌在商界聲名顯赫、業績輝煌，可是松下幸之助的一生並不幸福：他十一歲時輟學；十三歲時喪父；十七歲時差一點被淹死；二十歲時不但喪母，而且得了肺病幾乎亡故；三十四歲時，他唯一的兒子出生僅六個月就病故；他一生受病魔糾纏，常常因病而臥床不起。然而，每當他遭受打擊與挫折時，就會想起鄉下人「洗甘薯」的那一幕。於是，他百折不撓、愈挫愈勇，最終轉敗為勝、化危為安。

人的一生不可能永遠一帆風順，生命中的那些溝溝坎坎反而更能折射出生命的精彩。沒有經歷過創傷，就不會領略成熟的人生。在通向成功的道路上，失敗是不可避免的。假如你跌倒了，受傷了，要微笑著對自己說：沒有什麼大不了的，前面的風景更美麗！

每一次的創傷帶給你的不僅是痛苦，更重要的是教會你不斷地走向成熟。挫折、困苦、失敗都不可能擊倒意志堅強的人，只會引領他們走向成熟、走向成功。跨過創傷，失敗的經歷就能夠帶領我們走向一個更加明朗的世界；越過創傷，你會更加懂得人生；越過創傷，你會發現自己的意志如同鋼鐵般堅韌無比。

在我們收穫成功的時候，我們更應該懷著一顆感恩的心來感謝生活給予我們的磨難，是它們讓我們變得更加自信與堅強。

永遠保持「初學者」的心態

相信很多人都有過這樣的經歷：在面對未知事物時，心中略微會有一種不安、自卑，如果此時有人自願、主動地幫助你學習、理解這一未知事物，很可能你會保持高度集中的注意力以及極快接納知識的速度，這種對未知事物的注意力以及極快的接納速度就源於人們對知識的好奇。

心理學認為：好奇心是個體遇到新奇事物或處在新的外界條件下所產生的注意、操作、提問的心理傾向。它容易被外界刺激物的新異性喚醒。好奇心反映了個體的認知需求，不同的個體面對同樣的認知資訊，會產生不同水準的好奇心，它的強度與個體對相關資訊的瞭解程度有關。

所以，我們需要對知識充滿好奇，永遠保持「初學者」的心態，即使你已被公認為大師、教授，面對知識的更新、出現，仍需要保有孩子般的好奇心。

愛因斯坦說他之所以取得成功，原因在於他具有狂熱的好奇心。美國學者希克森特・米哈伊在談到好奇心的重要性時，說：「好奇心需要被保護，也許所有的孩子都有好奇心，但這種對事物的好奇是否能保持到成年甚至老年，很難說。」

在劍橋大學，維特根斯坦是大哲學家莫爾的學生。

有一天，羅素問莫爾：「誰是你最好的學生？」

莫爾毫不猶豫地說：「維特根斯坦。」

「為什麼？」

「因為，在我的所有學生中，只有他一個人在聽我的課時，總是露出迷茫的神色，總是有一大堆問題。」

羅素也是個大哲學家，後來維特根斯坦的名氣超過了他。

有人問：「羅素為什麼落伍了？」

維特根斯坦說：「因為他沒有問題了。」

德國著名化學家李比希把氯氣注入海水中提取到「碘」之後，發現剩餘的母液中沉積著一層棕紅色的液體。他雖然感到奇怪，但並未放在心上，武斷地認為這不過是「碘」的化合物，只是在瓶子上貼張標籤了事。直到以後一位法國科學家證實那層棕紅色的物質是新元素溴，李比希才恍然大悟。他因此稱這個瓶子為「失誤瓶」，以此告誡自己。

達爾文從小就愛幻想，他熱愛大自然，尤其喜歡打獵、採集礦物和動植物標本。他的父母十分重視和愛護兒子的好奇心和想像力，總是千方百計地支持孩子的興趣和愛好，鼓勵他去努力探索，這為達爾文能寫出《物種起源》這一巨著打下了堅實的基礎。

有一次，小達爾文和媽媽到花園裡給小樹培土。

媽媽說：「泥土是個寶，小樹有了泥土才能成長。別小看這泥土，是它長出了青草，餵肥了牛羊，我們才有奶喝，才有肉吃；是它長出了小麥和棉花，我們才有飯吃，才有衣服穿。泥土太寶貴了。」

聽到這些話，小達爾文疑惑地問：「媽媽，那泥土能不能長出小狗來？」

「不能呀！」媽媽笑著說，「小狗是狗媽媽生的，不是泥土裡長出來的。」

達爾文又問：「我是媽媽生的，媽媽是奶奶生的，對嗎？」

「對呀！所有的人都是他們的媽媽生的。」媽媽和藹地回答他。

「那最早的媽媽又是誰生的？」達爾文接著問。

「是上帝！」媽媽說。

「那上帝又是誰生的呢？」小達爾文「打破砂鍋問到底」，媽媽答不上來了。她對達爾文說：「孩子，世界上有很多事情對我們來說是個謎，你像小樹一樣快快長大吧，這些謎等待你去解開呢！」

在達爾文七八歲時，他在同學中的「人緣」很不好，因為同學們認為他經常「說謊」。比如，他撿到了一塊奇形怪狀的石頭，就會煞有介事地對同學們說：「這是一枚寶石，可能價值連城。」同學們哄堂大笑，可是他卻並不在意，繼續對身邊的東西發表類似的「另類」看法。

還有一次，他向同學們保證說，他能夠用一種「秘密液體」，製成各式各樣顏色的西洋櫻草和報春花。但是，他從來就沒有做過這樣的實驗。久而久之，老師也覺得他很愛「說謊」，把他的問題反映到達爾文的父親那裡。達爾文的父親聽了，卻不認為達爾文是在撒謊，而是認為他那是在想像。

有一次，達爾文在泥地裡撿到了一枚硬幣，他神秘兮兮地拿給他的姐姐看，並一本正經地說：「這是一枚古羅馬硬幣。」

他的姐姐接過來一看，發現這分明是一枚十分普通的十八世紀的舊幣，只是由於受潮生銹，顯得有些古舊罷了。

對於達爾文「說謊」，他的姐姐很是惱火，便把這件事告訴了父親，希望父親好好教訓他一下，讓他改掉令人討厭的「說謊」習慣。可是，父親聽了以後，並沒有在意，他把兒女叫過來說：「這怎麼能算是撒謊呢？這正說明了他有豐富的想像力，說不定有一天他會把這種想像力用到事業上去呢！」

達爾文的父親還把花園裡的一間小棚子交給達爾文和他的哥哥，讓他們自由地做化學實驗，以便使孩子們的智力得到更好的發展。

在達爾文十歲時，父親還讓他跟著老師和同學到威爾士海岸去度過為期三周的假期。達爾文在那裡大開眼界，觀察和採集了大量海生動物的標本，由此激發了他採集動植物標本的愛好和興趣。

沒有好奇心，沒有想像力，就沒有今天的「進化論」。而達爾文父母的最成功之處就在於特別注意愛護兒子的想像力和好奇心。

因為大部分人隨著年齡的增長、知識的增多，不再像兒時那樣對周圍環境存有好奇心。小時候，我們認為周圍的一切很神秘，總會有些出乎意料的事物等待我們去觀察、探索、詢問、操作或擺弄。然而，隨著時間的流逝，很多人不再對周圍事物懷有探索、詢問的心理傾向。

我們只有對事物永遠充滿好奇，才能使自己始終保持一種「初學者」的心態，如饑似渴地汲取知識中的營養成分，進而獲取極大的進步。

盡可能從生活中刪去「不可能」

許多人常常把「不可能」三個字掛在嘴邊，其實，他們根本沒有想過要怎麼實現，也沒有去思考實現的可能，更沒有去制訂實現的計畫和目標，他們只是聽到了一個自己不熟悉的事情，就本能地說「不可能」。太多的「這也不可能那也不可能」，讓生活變得機械笨拙、死氣沉沉。

此時此刻，如果你還在毫無警覺地抱怨，那麼，請你安靜下來，想一想「不可能」三個字怎麼會那麼容易就脫口而出。都還沒有嘗試過的事情，怎麼可以那麼武斷地下結論呢？

羅伯特・巴拉尼是奧地利著名的耳科醫生。他幼年的時候患上了可怕的骨結核病，不僅疼痛難忍，還導致他一個膝關節永久地僵硬。家裡人都很疼惜他，只祈禱他的後半生能不再受到「病魔」的折磨，也就不要求他在讀書方面花費精力了。

可是巴拉尼非常倔強，他不相信一種疾病能讓自己成為廢物，也不相信自己的未來僅能局限在父親的農場裡。他暗下決心，一定要掌握一技之長，一定要和正常的孩子一樣上學讀書、深造，然後堂堂正正地站在世人面前。

整整十年，巴拉尼風雨無阻地穿行在學校和家庭之間。無論多麼艱難，他都咬著牙，向人展示「我可以」的堅持。

廿九年過去了，這個失去自由行動能力且被人們憐憫的孩子長大了，並且成功進入了醫學界，發表了著名的《熱眼球震顫的觀察》論文，奠定了耳科生理學的基礎。為了表彰他的傑出貢獻，當今醫學探測前庭疾患的試驗和檢查小腦活動以及與平衡障礙有關的試驗，都以羅伯特・巴拉尼的姓氏命名。

巴拉尼用自己的努力，將不可能變成了現實，把自己的名字深深地刻在了人們的腦海中。

事實上，世界上每天都在發生各種令人沮喪的意外，但也同時在創造各種感人的奇蹟。如果你的心裡存著「我可以」的想法，那麼這些代表新思路的想法就會迅速在你的腦中生根發芽，長出嫩枝，幫你去開創新的天地。

也許有人會發出疑問：難道下決心要做，就一定能做得到嗎？要是下了決心最後卻沒有成功，又該怎麼辦呢？

有這樣的疑惑是正常的。但是，試想一下，如果一開始你就放棄了，那麼就算機會真的來了，你也無法立即採取行動，如此還談什麼成功？

曾有一窮一富兩個僧人，都想去遠方求佛。十年後，他們再次相聚。這時，窮僧人早已完成遠遊，手托玉佛實現了目標；而富僧人則說自己之所以未能遠行，是因為每次出門前都會發現準備得不夠充分，或天氣不好……於是就這樣一次次地耽擱了下來，也就延誤了時間。

窮僧人微笑著說：「如果你的心裡有意願，那些困難就是天上的雲，會來也會去；而如果你的心裡藏著畏懼，那困難就是移不動的山、填不盡的海，會永遠把你阻隔！」

大多數情況下，你所得到的結果和你所選擇的態度是一致的。要麼能，要麼不能。世界上有很多狀態是可以由人控制的，儘管一個人的力量十分微小，但是當你竭盡全力去實現自己的目標時，就一定能爆發出驚人的能量。

著名的護理學和護士教育創始人之一南丁格爾，出生於一個富有的家庭，而她本人也是受過高等教育的貴族小姐。

南丁格爾從小就著迷於護理工作，並且長期擔當莊園周圍生病農戶的看護者。當她希望成為一個護士，加入到當時只有社會底層婦女和教會修女才會擔任的護理工作中，並把這件事情當作自己的終身事業時，遭到了父母的強烈反對和世俗偏見的中傷。但即使面臨一些閒言雜語和誤會，南丁格爾仍一直覺得自己可以勝任這個工作，不肯做出絲毫讓步。

南丁格爾總是出現在病患最需要她的地方，尤其是一八四五年克里米亞戰爭爆發後，她率領三十八名護士奔赴槍林彈雨的前線，加入病患的護理工作。此刻的南丁格爾完全脫離了貴族小姐的嬌弱，她不僅表現出非凡的組織才能，還給予了病患無微不至的關懷，幫助醫生進行手術，減輕病人的痛苦。

每一天，她都要工作二十多個小時。夜間，她總是提著一盞小小的油燈，逐床細心查看病患的情況。因此，她也被士兵們稱為「提燈女士」、「克里米亞的天使」。

最讓人稱奇的是，為了取得必要的醫藥物資，當所有人都不敢打破陳規陋習採取行動時，南丁格爾卻帶領幾個大膽的人，撬開了英國女王倉庫門上的鎖，並向嚇得目瞪口呆的守衛說：「我終於有了我需要的一切。現在請你們把你們所看到的去告訴英國吧，全部責任由我來負！」

美國詩人丁尼生說：「夢想只要能持久，就能成為現實。我們不就是生活在夢想中的嗎？」那些相信自己可以努力做到的人，有的是為了獲得更好的生活、更高的地位、更大的成就，有的則是為了他們的夢想和目標，他們相信自己的能力，也相信自己可以改變很多！

南丁格爾用實際的付出，向世人證明了實踐理想的可貴，證明了護理工作的重要性。因為相信自己，不僅讓南丁格爾改變了命運的軌跡，也讓世界為之震動。在她的努力推動下，世界上第一所護士學校成立了，整個西歐以及世界各地的護理工作和護士教育也因此快速地發展起來。

現實生活中，我們總是覺得大環境太差不可能改變、客戶太刁鑽不可能改變、身體不舒服不可能改變、薪水過低不可能改變……整天牢騷不斷，好像「不可能」、「無法改變」已經成為我們終身的印記了。我們總是時刻需要別人的安慰。然而，若是拿我們所面臨的困難和南丁格爾當初所遭遇的困難相比，簡直就是滄海一粟，不值得一提。那麼崇高、偉大的夢想都可以被南丁格爾實現了，還有什麼比它更難的？

你可以失去信心和勇氣，但你的生活並不會因此而輕鬆，一旦你開始萌發「我可以」的念頭，你就正式邁入了追尋夢想的隊伍中，就有可能生活得更好！

孤獨也可以是正能量

作者： 羅金
發行人：陳曉林
出版所：風雲時代出版股份有限公司
地址：10576台北市民生東路五段178號7樓之3
電話：(02) 2756-0949
傳真：(02) 2765-3799
執行主編：朱墨菲
美術設計：吳宗潔
業務總監：張瑋鳳

初版日期：2025年1月
版權授權：馬峰
ISBN：978-626-7510-23-0

風雲書網：http://www.eastbooks.com.tw
官方部落格：http://eastbooks.pixnet.net/blog
Facebook：http://www.facebook.com/h7560949
E-mail：h7560949@ms15.hinet.net
劃撥帳號：12043291
戶名：風雲時代出版股份有限公司

風雲發行所：33373桃園市龜山區公西村2鄰復興街304巷96號
電話：(03) 318-1378
傳真：(03) 318-1378
法律顧問：永然法律事務所 李永然律師
北辰著作權事務所 蕭雄淋律師

行政院新聞局局版台業字第3595號 營利事業統一編號22759935

定價：340元

國家圖書館出版品預行編目資料

孤獨也可以是正能量 / 羅金著. -- 初版. -- 臺北市：風雲時代出版股份有限公司, 2024.11

ISBN 978-626-7510-23-0 (平裝)

1.CST: 自我實現 2.CST: 孤獨感

177.2　　113014325